#2주+2주
#쉽게
#빠르게
#재미있게

한자 전략
완성

한자 전략
시리즈 구성 [1단계~6단계]

8급
1단계 A, B

7급 II
2단계 A, B

7급
3단계 A, B

6급 II
4단계 A, B

6급
5단계 A, B

5급 II
6단계 A, B

심화 학습

심화 한자로 익히는
교과 학습 한자어

급수별 배정 한자 수록
한자 쓰기장

실제 시험 대비
모의 평가

쉽게, 빠르게, 재미있게!
부모님과 함께하는 한자 전략

한자의 모양 · 음(소리) · 뜻을 빠짐없이 완벽 습득

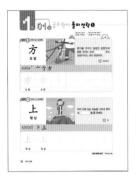  

- 한 번에 한자를 떠올릴 수 있게 도와줄 그림과 빈칸 채우기 활동으로 한자를 기억할 수 있도록 지도해 주세요.

- 다양한 문제를 풀며 반복 학습을 할 수 있게 해 주세요.

뜻부터 활용까지 알찬 한자어 학습

- 한자어와 관련된 그림을 보며 한자어의 의미를 떠올리도록 지도해 주세요.

- 한자어가 활용된 문장을 함께 읽으며 생활 속 어휘 실력을 키워 주세요.

기출 유형부터 창의력 UP 신유형 문제까지!

- 다양한 급수 시험 유형 문제를 통해 효율적으로 시험을 대비할 수 있도록 지도해 주세요.

- 만화, 창의 · 융합 · 코딩, 신유형 · 신경향 · 서술형 문제를 풀며 재미있게 공부하도록 이끌어 주세요.

Chunjae
Makes
Chunjae

▼

[한자 전략]

편집개발   박찬경, 설하은, 엄은경
디자인총괄   김희정
표지디자인   윤순미, 김주은
내지디자인   박희춘, 유보경
삽화   권나영, 김민주, 배성훈, 장현아
제작   황성진, 조규영

발행일   2023년 3월 1일 초판 2023년 3월 1일 1쇄
발행인   (주)천재교육
주소   서울시 금천구 가산로9길 54
신고번호   제2001-000018호
고객센터   1577-0902

한자 전략

2단계 B 7급 II ②

전편

이 책의 **구성과 특징**

주 도입 만화

재미있는 만화를 보면서 한 주에 학습할 한자를
미리 만나 볼 수 있습니다.

급수 한자 돌파 전략 ❶, ❷

급수 한자 돌파 전략 ❶에서는 주제별로 뽑은
급수 한자의 모양·음(소리)·뜻을 학습합니다.

급수 한자 돌파 전략 ❷에서는 문제를 풀며
학습 내용을 확인합니다.

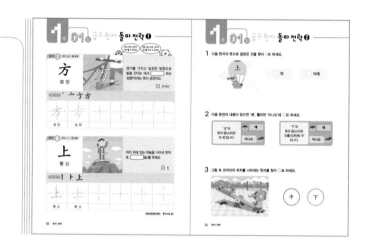

급수 한자어 대표 전략 ❶, ❷

급수 한자어 대표 전략 ❶에서는 1, 2일차에서
학습한 한자가 포함된 대표 한자어를 학습합니다.

급수 한자어 대표 전략 ❷에서는 문제를 풀며
한자어의 뜻과 활용을 복습합니다.

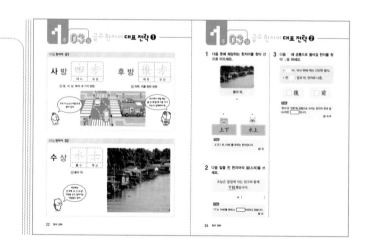

1주에 4일 구성 +1일에 6쪽 구성

급수 시험 체크 전략 ❶, ❷

급수 시험 체크 전략 ❶은 시험에 꼭 나오는
유형을 모아 학습합니다.

급수 시험 체크 전략 ❷에서는 실전 문제를
풀어 보며 시험을 대비합니다.

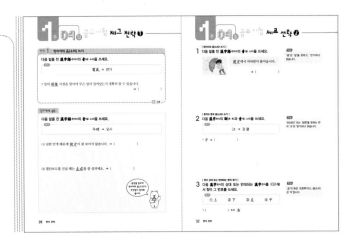

주 마무리

누구나 만점 전략
누구나 풀 수 있는 쉬운 문제를 풀며 학습 자신감을
높일 수 있습니다.

창의·융합·코딩 전략 ❶, ❷
융·복합적 사고력을 길러 주는 재미있는 문제를
만날 수 있습니다.

권 마무리

전·후편 마무리 전략
만화를 보며 학습을 재미있게 마무리할 수 있게
하였습니다.

신유형·신경향·서술형 전략
문제 해결력을 기를 수 있는 새로운
문제들을 단계별로 제시하였습니다.

적중 예상 전략 1~2회
총 2회로 실제 급수 시험을 준비할 수 있도록
구성하였습니다.

교과 학습 한자어 전략
교과 학습 시 자주 만나는 한자어와 5급 심화
한자를 함께 학습할 수 있도록 구성하였습니다.

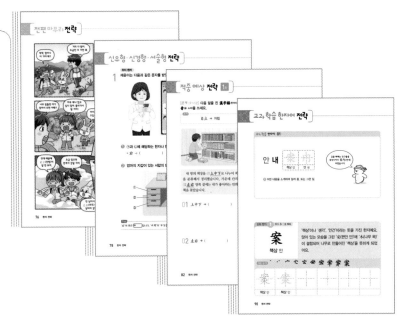

이 책의 차례

은 2단계 B 전편 학습 한자, 　은 후편 학습 한자입니다.

ㄱ				
家	間	江	車	空
집 가	사이 간	강 강	수레 거|차	빌 공
工	敎	校	九	國
장인 공	가르칠 교	학교 교	아홉 구	나라 국
軍	金	記	氣	男
군사 군	쇠 금|성 김	기록할 기	기운 기	사내 남
南	內	女	年	農
남녘 남	안 내	여자 녀	해 년	농사 농
答	大	道	東	動
대답 답	큰 대	길 도	동녘 동	움직일 동
力	六	立	萬	每
힘 력	여섯 륙	설 립	일만 만	매양 매
名	母	木	門	物
이름 명	어머니 모	나무 목	문 문	물건 물
民	方	白	父	北
백성 민	모 방	흰 백	아버지 부	북녘 북|달아날 배
不	四	事	山	三
아닐 불	넉 사	일 사	메 산	석 삼
上	生	西	先	姓
윗 상	날 생	서녘 서	먼저 선	성 성

世 인간 세	小 작을 소	手 손 수	水 물 수	時 때 시
市 저자 시	食 밥/먹을 식	室 집 실	十 열 십	ㅇ 安 편안 안
午 낮 오	五 다섯 오	王 임금 왕	外 바깥 외	右 오를/오른(쪽) 우
月 달 월	二 두 이	人 사람 인	一 한 일	日 날 일
ㅈ 自 스스로 자	子 아들 자	長 긴 장	場 마당 장	電 번개 전
前 앞 전	全 온전 전	正 바를 정	弟 아우 제	足 발 족
左 왼 좌	中 가운데 중	直 곧을 직	ㅊ 青 푸를 청	寸 마디 촌
七 일곱 칠	ㅌ 土 흙 토	ㅍ 八 여덟 팔	平 평평할 평	ㅎ 下 아래 하
學 배울 학	韓 한국/나라 한	漢 한수/한나라 한	海 바다 해	兄 형 형
話 말씀 화	火 불 화	活 살 활	孝 효도 효	後 뒤 후

위치 한자

❶ 方 모 방   ❷ 上 윗 상   ❸ 下 아래 하   ❹ 中 가운데 중
❺ 前 앞 전   ❻ 後 뒤 후   ❼ 左 왼 좌   ❽ 右 오를/오른(쪽) 우

1주 4일 급수 한자 **돌파 전략 ❶**

점선 위로 겹쳐서 한자를 써 보세요.

연한 글씨 위로 겹쳐서 한자를 따라 써 보세요.

한자 1 부수 方 | 총 4획

方
모 방

쟁기를 가지고 일정한 방향으로 밭을 간다는 데서 [   ] 또는 '방향'이라는 뜻이 생겼어요.

답 모(네모)

쓰는 순서 ` ㅗ 方 方

方	方				
모 방	모 방				

한자 2 부수 一 | 총 3획

上
윗 상

머리 위에 있는 하늘을 나타낸 한자로, [   ]을/를 뜻해요.

답 위

쓰는 순서 丨 ㅏ 上

上	上				
윗 상	윗 상				

뜻이 반대인 한자 下(아래 하)

10   한자 전략

1 한자 '方'에 대해 바르게 말한 사람에 ○표 하세요.

2 그림에서 10층에 가기 위해 눌러야 하는 엘리베이터 버튼에 ○표 하세요.

점선 위로 겹쳐서 한자를 써 보세요.

연한 글씨 위로 겹쳐서 한자를 따라 써 보세요.

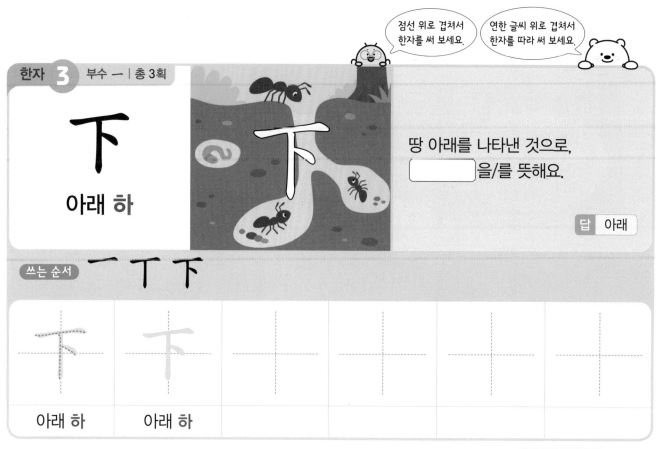

한자 **3** 부수 一 | 총 3획

下

아래 하

땅 아래를 나타낸 것으로, ☐ 을/를 뜻해요.

답 아래

쓰는 순서 一 丁 下

下	下					
아래 하	아래 하					

뜻이 반대인 한자 上(윗 상)

한자 **4** 부수 丨 | 총 4획

中

가운데 중

군사 진영의 가운데에 꽂혀 있는 깃발의 모습에서 ☐ 을/를 뜻하게 되었어요.

답 가운데

쓰는 순서 丨 口 口 中

中	中					
가운데 중	가운데 중					

▶정답 2쪽

3 그림 속 책의 위치를 살펴보고 밑줄 친 낱말에 해당하는 한자에 ○표 하세요.

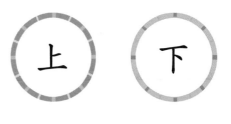

만화 한자책은 책상의 <u>아래</u>에 놓여 있습니다.

(上) (下)

4 밑줄 친 낱말에 해당하는 한자를 찾아 단추가 떨어진 곳에 선으로 이으세요.

어? 가운데 단추가 떨어졌네!

・ 上

・ 中

・ 下

1 주 ⁴일 급수 한자 돌파 전략 ❷

1 다음 한자의 뜻으로 알맞은 것을 찾아 ∨표 하세요.

☐ 위　　　　☐ 아래

2 다음 문장의 내용이 맞으면 '예', 틀리면 '아니요'에 ○표 하세요.

'方'의
뜻과 음(소리)은
'모 방'입니다.

예

아니요

'下'의
뜻과 음(소리)은
'오를/오른(쪽) 우'
입니다.

예

아니요

3 그림 속 코끼리의 위치를 나타내는 한자를 찾아 ○표 하세요.

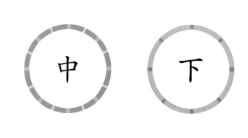

中　　　下

4 다음 한자의 음(소리)으로 알맞은 것을 찾아 선으로 이으세요.

5 다음에서 상대 또는 반대되는 한자끼리 짝 지어진 것을 찾아 ○표 하세요.

6 다음 뜻과 음(소리)에 해당하는 한자를 보기에서 찾아 그 번호를 쓰세요.

보기

　　　　① 上　　　　② 下　　　　③ 中　　　　④ 方

(1) 모 **방** ➡ (　　　　　)

(2) 아래 **하** ➡ (　　　　　)

점선 위로 겹쳐서 한자를 써 보세요.

연한 글씨 위로 겹쳐서 한자를 따라 써 보세요.

한자 1 부수 刀(刂) | 총 9획

前
앞 전

배가 앞으로 나아가는 모습에서 ☐을/를 뜻하게 되었어요.

답 **앞**

쓰는 순서 ` `` `` 丷 亠 广 芀 前 前 前

前	前			
앞 전	앞 전			

뜻이 반대인 한자 ▶ 後(뒤 후)

한자 2 부수 彳 | 총 9획

後
뒤 후

발에 족쇄가 채워져 걸음이 뒤처질 수밖에 없다는 의미에서 ☐ (이)라는 뜻이 생겼어요.

답 **뒤**

쓰는 순서 ´ ⁿ 彳 彳 彳 徍 徉 後 後

後	後			
뒤 후	뒤 후			

뜻이 반대인 한자 ▶ 前(앞 전), 先(먼저 선)

1 달리는 친구들 중에서 한나보다 '前'에 있는 사람을 모두 찾아 ○표 하세요.

2 그림에서 민수가 정우에게 만나자고 한 시간으로 알맞은 것에 ∨표 하세요.

점선 위로 겹쳐서 한자를 써 보세요.

연한 글씨 위로 겹쳐서 한자를 따라 써 보세요.

한자 **3** 부수 工 | 총 5획

左
왼 좌

左

왼손에 공구를 쥔 모습을 나타낸 한자로, [   ]을/를 뜻해요.

답 **왼쪽**

쓰는 순서 一 ナ ナ 左 左

左	左			
왼 좌	왼 좌			

뜻이 반대인 한자 右(오를/오른(쪽) 우)

한자 **4** 부수 口 | 총 5획

右
오를/오른(쪽) 우

右

오른손으로 밥을 먹는 모양을 나타낸 것으로, [   ]을/를 뜻해요.

답 **오른쪽**

쓰는 순서 ノ ナ オ 右 右

右	右			
오를/오른(쪽) 우	오를/오른(쪽) 우			

뜻이 반대인 한자 左(왼 좌)

3 다음 문장의 내용을 보고 그림에서 '소미'를 찾아 ○표 하세요.

소미는 은주의 *右*측에 앉아 있습니다.

4 두 친구의 대화에서 밑줄 친 낱말에 어울리는 한자를 찾아 ○표 하세요.

1 다음 문장의 내용이 맞으면 '예', 틀리면 '아니요'에 ○표 하세요.

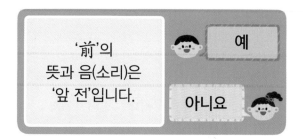

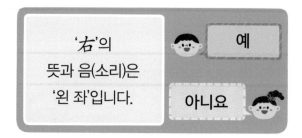

2 다음 한자의 상대 또는 반대되는 한자를 보기 에서 찾아 그 번호를 쓰세요.

보기

① 上   ② 前

→ (   )

3 다음 한자의 뜻과 음(소리)으로 알맞은 것을 찾아 ○표 하세요.

| 앞 전 | 왼 좌 | 뒤 후 | 오를/오른(쪽) 우 |

▶정답 3쪽

4 다음 한자의 음(소리)으로 알맞은 것을 찾아 선으로 이으세요.

· 우

· 좌

5 다음 밑줄 친 낱말에 해당하는 한자를 쓰세요.

정우는 오른쪽 손으로 밥을 먹고,
민아는 왼쪽 손으로 밥을 먹습니다.

답

6 다음 한자 카드에 들어갈 한자로 알맞은 것에 ∨표 하세요.

앞 전

☐ 前   ☐ 後

대표 한자어 | 01 |

사 방

四	方
넉 사	모 방

뜻 동, 서, 남, 북의 네 가지 방향.

후 방

後	方
뒤 후	모 방

뜻 뒤쪽. 뒤를 향한 방향.

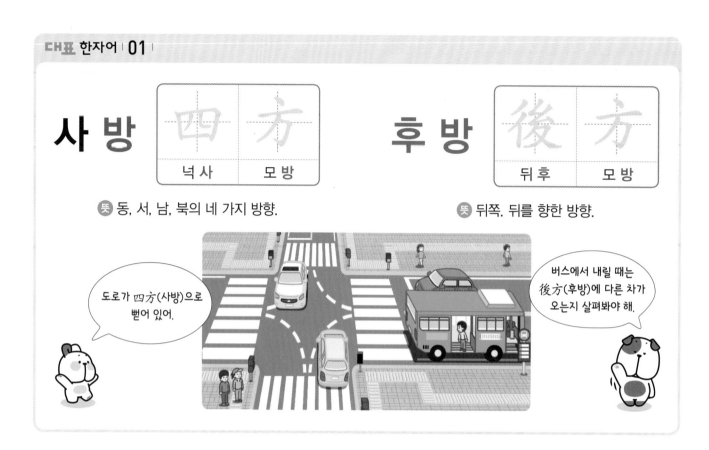

도로가 四方(사방)으로 뻗어 있어.

버스에서 내릴 때는 後方(후방)에 다른 차가 오는지 살펴봐야 해.

대표 한자어 | 02 |

수 상

水	上
물 수	윗 상

뜻 물의 위.

세상에는 강 위에 水上(수상) 가옥을 짓고 살아가는 사람들도 있어.

중 상

中	上
가운데 중	윗 상

🔖 등급이나 단계가 중간보다 조금 더 높은 것.

항상 널 응원해!

민수

반에서 민수의
키는 中上(중상)
정도야.

상 하

上	下
윗 상	아래 하

🔖 위와 아래.

하 교

下	校
아래 하	학교 교

🔖 공부를 끝내고 학교에서 집으로 돌아옴.

난 이렇게 빙빙
돌면서 上下(상하)로
움직이는 놀이기구를
타고 싶어.

그럼 우리 내일
下校(하교) 후에
놀이공원에 가자.

대표 한자어 | 05 |

하 산

下	山
아래 하	메 산

뜻 산에서 내려오거나 내려감.

민수는 산에 올라가다가 下山(하산)하는 사람들을 만났어.

대표 한자어 | 06 |

오 전

午	前
낮 오	앞 전

뜻 밤 열두 시부터 낮 열두 시까지의 시간.

午前(오전) 6시에 일어나다니 참 부지런하구나!

대표 한자어 | 07 |

전 방

前	方
앞 전	모 방

뜻 앞쪽. 앞을 향한 방향.

前方(전방)에 기찻길이 쭉 이어져 있어.

대표 한자어 08

전 후

前	後
앞 전	뒤 후

뜻 앞과 뒤. 먼저와 나중.

후 식

後	食
뒤 후	밥/먹을 식

뜻 식사 뒤에 먹는 간단한 음식.

밥을 먹기 前後(전후)의 표정이 다르네.

後食(후식)으로 케이크를 먹고 싶은가 봐.

대표 한자어 09

좌 우

左	右
왼 좌	오를/오른(쪽) 우

뜻 왼쪽과 오른쪽.

새가 左右(좌우) 날개를 쫙 펴고 있구나.

이것은 조롱이라는 새야.

조롱이

1주 03일 급수 한자어 대표 전략 ②

1 다음 뜻에 해당하는 한자어를 찾아 선으로 이으세요.

물의 위.

·

·   ·

上下   水上

Tip
'上'은 (위, 아래)를 뜻하는 한자입니다.

답 위

2 다음 밑줄 친 한자어의 음(소리)을 쓰세요.

오늘은 옆집에 사는 친구와 함께
下校했습니다.

➜ (   )

Tip
'下'는 '아래'를 뜻하고, [   ](이)라고 읽습니다.

답 하

3 다음 ◌에 공통으로 들어갈 한자를 찾아 ∨표 하세요.

• ◌식: 식사 뒤에 먹는 간단한 음식.

• 전◌ : 앞과 뒤. 먼저와 나중.

□ 後   □ 前

Tip
'후식'과 '전후'에 공통으로 쓰이는 한자의 뜻과 음
(소리)은 [   ]입니다.

답 뒤 후

4 '午前(오전)'의 뜻을 바르게 설명한 것에 ○표 하세요.

밤 열두 시부터 낮 열두 시까지의 시간.

낮 열두 시부터 밤 열두 시까지의 시간.

Tip

'前'은 '앞'을 뜻하고, ☐(이)라고 읽습니다.

답 전

5 다음 문장의 내용이 맞으면 '예', 틀리면 '아니요'에 ○표 하세요.

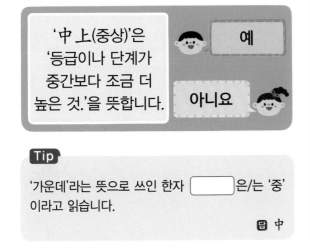

'中上(중상)'은 '등급이나 단계가 중간보다 조금 더 높은 것.'을 뜻합니다.

예

아니요

Tip

'가운데'라는 뜻으로 쓰인 한자 ☐은/는 '중' 이라고 읽습니다.

답 中

6 다음 한자어의 뜻으로 알맞은 것을 찾아 ∨표 하세요.

左右

☐ 위와 아래.

☐ 왼쪽과 오른쪽.

Tip

'左'는 '왼쪽'을 뜻하고, ☐(이)라고 읽습니다.

답 좌

전략 1 한자어의 음(소리) 쓰기

다음 밑줄 친 漢字語한자어의 音(음: 소리)을 쓰세요.

> 보기
>
> 電氣 ➡ 전기

● 일의 *前後* 사정을 알아야 무슨 일이 일어났는지 정확히 알 수 있습니다.

➡ (   )

답 전후

필수 예제 | 01 |

다음 밑줄 친 漢字語한자어의 音(음: 소리)을 쓰세요.

> 보기
>
> 午時 ➡ 오시

(1) 심한 안개 때문에 *前方*이 잘 보이지 않습니다. ➡ (   )

(2) 횡단보도를 건널 때는 *左右*를 잘 살피세요. ➡ (   )

> 문장을 읽으며
> 한자어의 음(소리)이
> 무엇일지 생각해
> 봅시다.

▶정답 4쪽

전략 2 한자의 뜻과 음(소리) 쓰기

다음 漢字한자**의 訓**(훈: 뜻)**과 音**(음: 소리)**을 쓰세요.**

> **보기**
>
> 每 → 매양 **매**

• 下 → (   )

답 아래 하

필수 예제 02

다음 漢字한자**의 訓**(훈: 뜻)**과 音**(음: 소리)**을 쓰세요.**

> **보기**
>
> 平 → 평평할 **평**

(1) 右 → (   )

(2) 中 → (   )

> 한자는 글자마다
> 뜻과 음(소리)을 가지고
> 있어서, 한자의 뜻과
> 음(소리)을 모두 잘
> 기억해야 합니다.

전략 3 뜻이 상대 또는 반대되는 한자 찾기

다음 漢字한자의 상대 또는 반대되는 漢字한자를 보기 에서 찾아 그 번호를 쓰세요.

보기

① 下   ② 右   ③ 後   ④ 前

● (   ) ↔ 左

답 ②

필수 예제 03

다음 漢字한자의 상대 또는 반대되는 漢字한자를 보기 에서 찾아 그 번호를 쓰세요.

보기

① 中   ② 上   ③ 後   ④ 左

(1) (   ) ↔ 前

(2) (   ) ↔ 下

뜻이 반대되는
한자를 함께 알아 두면
어휘력을 기르는 데
도움이 됩니다.

전략 4 뜻과 음(소리)에 맞는 한자 찾기

다음 訓(훈: 뜻)과 音(음: 소리)에 맞는 漢字한자를 보기 에서 찾아 그 번호를 쓰세요.

> 보기
>
> ① 方   ② 前   ③ 右   ④ 左

● 왼 좌 ➡ (   )

답 ④

필수 예제 04

다음 訓(훈: 뜻)과 音(음: 소리)에 맞는 漢字한자를 보기 에서 찾아 그 번호를 쓰세요.

> 보기
>
> ① 中   ② 後   ③ 下   ④ 上

(1) 가운데 중 ➡ (   )

(2) 아래 하 ➡ (   )

> 한자의 뜻과 음(소리)을
> 정확하게 구분하여
> 알아 두어야 합니다.
> 예 一 한 일
>   뜻 음(소리)

[한자어의 음(소리) 쓰기]

1 다음 밑줄 친 漢字語한자어의 音(음: 소리)을 쓰세요.

前方에서 비바람이 불어옵니다.

➜ (   )

Tip
'前'은 '앞'을 뜻하고, '전'이라고 읽습니다.

[한자의 뜻과 음(소리) 쓰기]

2 다음 漢字한자의 訓(훈: 뜻)과 音(음: 소리)을 쓰세요.

보기

江 ➜ 강 **강**

• 方 ➜ (   )

Tip
'모(네모)' 또는 '방향'을 뜻하는 한자 '方'은 '방'이라고 읽습니다.

[뜻이 상대 또는 반대되는 한자 찾기]

3 다음 漢字한자의 상대 또는 반대되는 漢字한자를 보기 에서 찾아 그 번호를 쓰세요.

보기

① 上   ② 下   ③ 左   ④ 中

• (   ) ↔ 右

Tip
'右'의 뜻은 '오른쪽'이고, 음(소리)은 '우'입니다.

[제시된 한자어 찾기]

4 다음 밑줄 친 漢字語한자어를 보기 에서 찾아 그 번호를 쓰세요.

Tip
'앞'을 뜻하는 '前'과 '뒤'를 뜻하는 '後'는 뜻이 서로 반대되는 한자입니다.

보기
① 食前   ② 前後   ③ 後方   ④ 後食

● 이 약을 식사 전후에 반씩 나눠 드세요.

→ (   )

[뜻과 음(소리)에 맞는 한자 찾기]

5 다음 訓(훈: 뜻)과 音(음: 소리)에 맞는 漢字한자를 보기 에서 찾아 그 번호를 쓰세요.

Tip
'위'를 뜻하는 '上'과 '아래'를 뜻하는 '下'는 뜻이 서로 반대되는 한자입니다.

보기
① 上   ② 左   ③ 下   ④ 右

● 윗 상 → (   )

[제시된 뜻에 맞는 한자어 찾기]

6 다음 뜻에 맞는 漢字語한자어를 보기 에서 찾아 그 번호를 쓰세요.

Tip
'中'은 '가운데'를 뜻하고, '중'이라고 읽습니다.

보기
① 中立   ② 水上   ③ 自立   ④ 中上

● 등급이나 단계가 중간보다 조금 더 높은 것.

→ (   )

누구나 만점 전략

01 다음 문장의 내용이 맞으면 '예', 틀리면 '아니요'에 ○표 하세요.

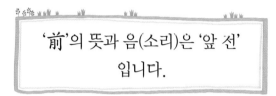

'前'의 뜻과 음(소리)은 '앞 선'입니다.

예   아니요

02 다음 밑줄 친 낱말에 해당하는 한자어를 보기 에서 찾아 그 번호를 쓰세요.

보기
① 食前 ② 後方 ③ 後食

• 후식으로 무엇을 먹을지 고민입니다.

→ (   )

03 다음 밑줄 친 낱말에 해당하는 한자를 보기 에서 찾아 그 번호를 쓰세요.

보기
① 左   ② 中   ③ 右

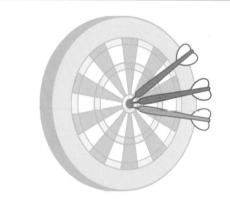

• 모든 화살이 가운데에 맞았습니다.

→ (   )

04 다음 뜻과 음(소리)에 해당하는 한자를 찾아 ○표 하세요.

윗 상

上

下

05 다음 ☐ 안에 들어갈 한자를 [보기]에서 찾아 그 번호를 쓰세요.

[보기]

① 上　　② 中　　③ 下

- ☐校: 공부를 끝내고 학교에서 집으로 돌아옴.

→ (　　　　　)

06 다음 뜻에 해당하는 한자어를 [보기]에서 찾아 그 번호를 쓰세요.

[보기]

① 四方　② 前方　③ 左右

- 동, 서, 남, 북의 네 가지 방향.

→ (　　　　　)

07 다음 밑줄 친 한자의 뜻으로 알맞은 것을 찾아 ○표 하세요.

이곳에서 쭉 가다가 *右*측으로 돌아가면 약국이 나옵니다.

왼쪽　　　　오른쪽

08 다음 한자의 뜻과 음(소리)을 쓰세요.

左
☐을/를 뜻하고, ☐(이)라고 읽습니다.

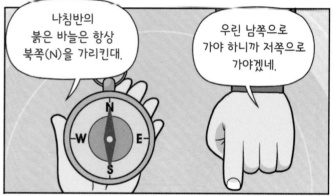

창의 융합

1 위 대화를 읽고, 아름이와 다운이가 서 있는 곳의 전방에서 튀어나온 것은 무엇인지 쓰세요.

→ (   )

▶정답 5쪽

창의 융합

2 위 대화를 읽고, 다운이가 아름이의 필통을 망가뜨린 것은 언제였는지 알맞은 것에 ○표 하세요.

(1) 3일 전 ➡ (　　　　　　　　　)　　　　(2) 3일 후 ➡ (　　　　　　　　　)

코딩

1 보기 의 낱말 순서대로 한자어를 만들려고 합니다. 출발점 에서 낱말의 차례대로 한자를 선으로 이으세요.

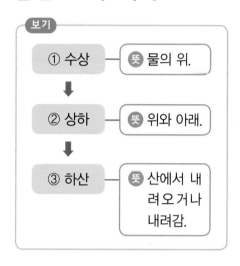

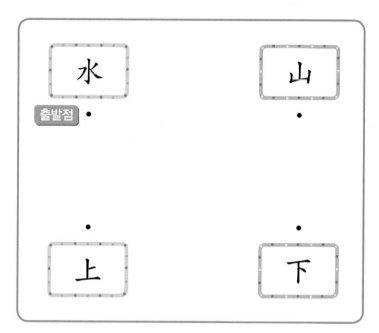

창의 융합

2 다음 교통안전 수칙을 읽고, 밑줄 친 낱말에 해당하는 한자어를 보기 에서 찾아 그 번호를 쓰세요.

보기

① 左右　　② 前方　　③ 上下　　④ 前後

➜ (　　　　) ➜ (　　　　)

코딩

3 '출발' 지점에서 주어진 방향으로 한 칸씩 이동하여 '도착' 지점까지 가려면 명령어 중
에서 몇 번을 따라야 하는지 그 번호를 찾아 쓰세요.

명령어

① 左 → 下 → 右 → 右

② 右 → 右 → 下 → 左

③ 下 → 右 → 右 → 下

→ (   )

창의 융합

4 개구리의 한살이 그림을 보고, 밑줄 친 낱말에 해당하는 한자를 찾아 ○표 하세요.

1. 알에서 깨어나 올챙이가 되었어요.

2. 뒷(下, 後)다리가 생겼어요.

3. 앞(中, 前)다리가 생겼어요.

4. 꼬리가 없어지고 개구리가 되었어요.

5 친구들의 대화를 참고하여 민수의 자리를 찾아 그 번호를 쓰세요.

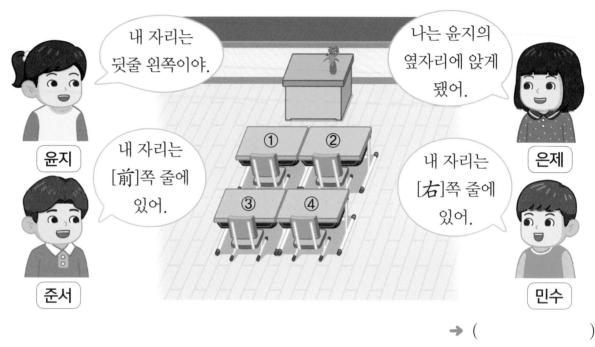

윤지: 내 자리는 뒷줄 왼쪽이야.

은제: 나는 윤지의 옆자리에 앉게 됐어.

준서: 내 자리는 [前]쪽 줄에 있어.

민수: 내 자리는 [右]쪽 줄에 있어.

→ (   )

6 다음은 공연장에서 지켜야 할 예절입니다. 밑줄 친 낱말에 해당하는 한자를 보기 에서 찾아 그 번호를 쓰세요.

보기
① 右   ② 前   ③ 中   ④ 下   ⑤ 後

공연 시작 전 입장하기

→ (   )

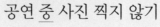

공연 중 사진 찍지 않기

→ (   )

공연이 끝난 후 박수 치기

→ (   )

7 다음 조건의 내용을 읽고, 자판기 속 음료의 종류로 알맞은 것을 찾아 선으로 이으세요.

조건

- 녹차는 콜라의 *左*측에 있습니다.
- 주스는 콜라의 *右*측에 있습니다.

| 녹차 | 주스 | 콜라 |

8 정리함에 물건들을 정리했습니다. <u>잘못</u> 분류된 물건을 찾아 ○표 하고, 어떻게 옮겨야 하는지 알맞은 한자에 ○표 하세요.

(*左*, *右*)로 한 칸, (*上*, *下*)로 한 칸씩 옮겨야 합니다.

공간 한자

학습할 한자

❶ 空 빌 공　　**❷** 間 사이 간　　**❸** 內 안 내　　**❹** 外 바깥 외

❺ 世 인간 세　　**❻** 道 길 도　　**❼** 東 동녘 동　　**❽** 南 남녘 남

주 일 급수 한자 **돌파 전략 ①**

점선 위로 겹쳐서 한자를 써 보세요.

연한 글씨 위로 겹쳐서 한자를 따라 써 보세요.

한자 ① 부수 穴 | 총 8획

空
빌 공

도구를 가지고 구덩이를 파는 것을 나타낸 것으로, ☐☐☐☐ 또는 '구멍'을 뜻해요.

답 비다

쓰는 순서 ` ` ` ` ` ` ` ` 空

空	空				
빌 공	빌 공				

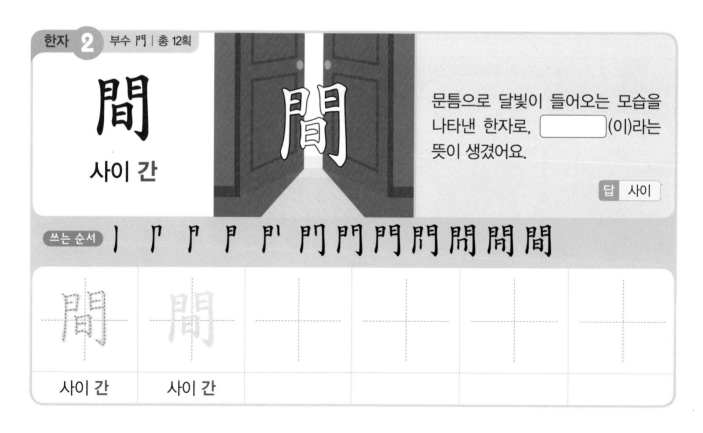

한자 ② 부수 門 | 총 12획

間
사이 간

문틈으로 달빛이 들어오는 모습을 나타낸 한자로, ☐☐☐☐(이)라는 뜻이 생겼어요.

답 사이

쓰는 순서 丨 冂 冂 冂 門 門 門 門 門 閒 間 間

間	間				
사이 간	사이 간				

한자 전략

▶정답 6쪽

1 그림 속 상자 중에서 다음 한자의 뜻과 어울리는 것을 찾아 ○표 하세요.

空

2 그림 속에서 두 나무를 기준으로 아이의 위치를 나타내는 한자를 찾아 ○표 하세요.

左

間

右

점선 위로 겹쳐서 한자를 써 보세요.

연한 글씨 위로 겹쳐서 한자를 따라 써 보세요.

한자 3 부수 入 | 총 4획

内
안 내

지붕 안쪽을 받치고 있는 기둥의 모양을 나타낸 것으로, [ ] 또는 '속'을 뜻해요.

답 안

쓰는 순서 ㅣ 冂 冂 内

内	内				
안 내	안 내				

뜻이 반대인 한자 **外**(바깥 외)

한자 4 부수 夕 | 총 5획

外
바깥 외

밤하늘을 바라보며 운세를 알아보던 모습에서 [ ](이)라는 뜻이 생겼어요.

답 바깥

쓰는 순서 ノ ク 夕 列 外

外	外				
바깥 외	바깥 외				

뜻이 반대인 한자 **内**(안 내)

3 그림 속 한자의 뜻과 음(소리)으로 알맞은 것을 찾아 ∨표 하세요.

뜻
- [ ] 바깥
- [ ] 안

음(소리)
- [ ] 내
- [ ] 외

4 그림을 보고 밑줄 친 낱말에 알맞은 한자를 찾아 ○표 하세요.

민수는 집 바깥에서 친구를 기다리고 있습니다.

內

外

1 다음 한자의 뜻과 음(소리)을 쓰세요.

內 ☐을/를 뜻하고, ☐(이)라고 읽습니다.

外 ☐을/를 뜻하고, ☐(이)라고 읽습니다.

2 다음 문장의 내용이 맞으면 '예', 틀리면 '아니요'에 ○표 하세요.

'空'의 뜻과 음(소리)은 '빌 공'입니다.

 예 아니요

3 다음 한자의 뜻과 음(소리)으로 알맞은 것을 찾아 선으로 이으세요.

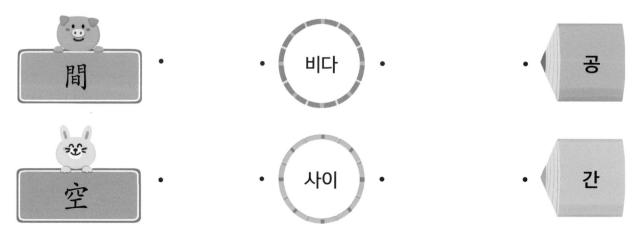

間 · · 비다 · · 공

空 · · 사이 · · 간

4 그림 속 장수풍뎅이의 위치를 나타내는 한자를 찾아 ○표 하세요.

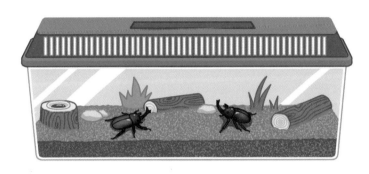  

5 다음 한자의 상대 또는 반대되는 한자 카드를 가진 사람에 ○표 하세요.

6 다음 뜻과 음(소리)에 해당하는 한자를 보기 에서 찾아 그 번호를 쓰세요.

> 보기
> ① 空   ② 內   ③ 間   ④ 外

(1) 안 내 ➡ (   )

(2) 빌 공 ➡ (   )

점선 위로 겹쳐서 한자를 써 보세요.

연한 글씨 위로 겹쳐서 한자를 따라 써 보세요.

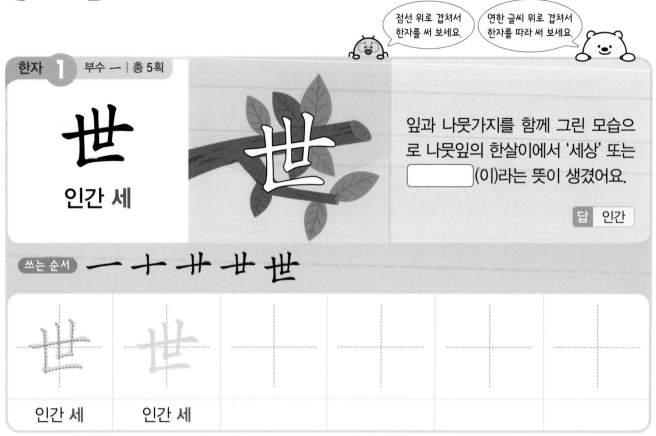

한자 1 부수 一 | 총 5획

世
인간 세

잎과 나뭇가지를 함께 그린 모습으로 나뭇잎의 한살이에서 '세상' 또는 ☐ (이)라는 뜻이 생겼어요.

답 인간

쓰는 순서 一 十 卅 丗 世

世	世				
인간 세	인간 세				

한자 2 부수 辵(辶) | 총 13획

道
길 도

사람이 가야 할 올바른 길이라는 의미에서 ☐ (이)나 '도리'를 뜻하게 되었어요.

답 길

쓰는 순서 丶 丷 丷 丷 产 产 首 首 首 首 道 道 道

道	道				
길 도	길 도				

1 잃어버린 신발을 찾아서 한자 '世'의 뜻과 음(소리)을 따라가 보세요.

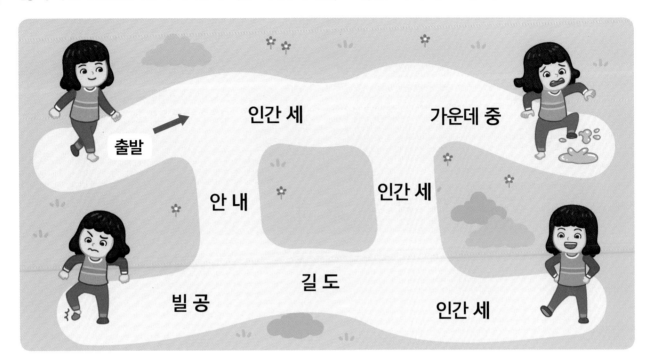

2 밑줄 친 낱말을 참고하여 한나의 고양이를 찾아 ○표 하세요.

점선 위로 겹쳐서 한자를 써 보세요.

연한 글씨 위로 겹쳐서 한자를 따라 써 보세요.

한자 **3** 부수 木 | 총 8획

東
동녘 동

꽁꽁 묶은 보따리를 옮기는 모습에서 해가 떠오르는 [   ]을/를 뜻하게 되었어요.

답 동녘(동쪽)

쓰는 순서 一 厂 厂 戸 百 百 亩 東 東

東	東				
동녘 동	동녘 동				

뜻이 반대인 한자 西(서녘 서)

한자 **4** 부수 十 | 총 9획

南
남녘 남

고대 중국의 남쪽 민족이 종을 사용하였다는 데서 [   ]을/를 뜻하게 되었어요.

답 남녘(남쪽)

쓰는 순서 一 十 十 冂 内 内 声 南 南

南	南				
남녘 남	남녘 남				

뜻이 반대인 한자 北(북녘 북)

3 다음 ☐ 안에 들어갈 한자를 찾아 ◯표 하세요.

東   南

4 다음 한자의 뜻과 음(소리)을 바르게 쓴 학생에 ◯표 하세요.

급수 한자 돌파 전략 ②

1 다음 한자의 뜻과 음(소리)으로 알맞은 것을 찾아 선으로 이으세요.

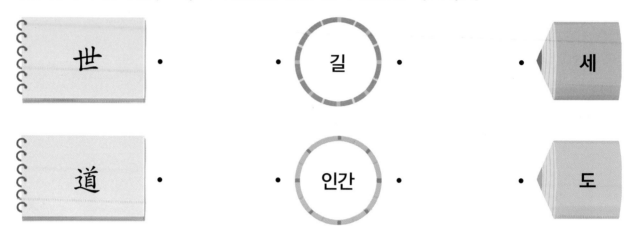

世 · · 길 · · 세

道 · · 인간 · · 도

2 다음 뜻에 해당하는 한자를 찾아 ∨표 하세요.

동녘   □ 道   □ 南   □ 東

3 다음 한자의 음(소리)으로 알맞은 것에 ∨표 하세요.

南   □ 남   □ 동

4 다음 문장의 내용이 맞으면 '예', 틀리면 '아니요'에 ○표 하세요.

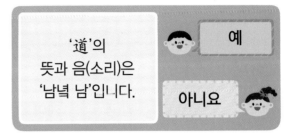

5 다음 한자의 뜻과 음(소리)으로 알맞은 것을 찾아 선으로 이으세요.

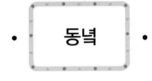

6 다음 한자의 뜻과 음(소리)을 쓰세요.

2주 03일 급수 한자어 대표 전략 ❶

대표 한자어 | 01 |

공간

빌 공 | 사이 간

뜻 어떤 일을 하기 위한 특정한 장소. 아무것도 없는 빈 곳.

이 空間(공간)은 조선 시대에 얼음을 보관했던 창고인 석빙고야.

공기

빌 공 | 기운 기

뜻 숨을 쉴 때 들이마시고 내쉬는 모든 기체.

이곳에는 空氣(공기)가 잘 통할 수 있는 환기구도 있대!

대표 한자어 | 02 |

시 간

때 시 | 사이 간

뜻 어떤 시각에서 어떤 시각까지의 사이. 하루 중의 어느 한 때.

아이들이 신나게 노느라 집에 갈 時間(시간)이 된 것도 모르나 봐.

56   한자 전략

대표 한자어 03

해 외

海	外
바다 해	바깥 외

뜻 자기 나라가 아닌 다른 나라.

민하네 사촌 동생은 海外(해외)에 살고 있어서 자주 만나기 어렵대.

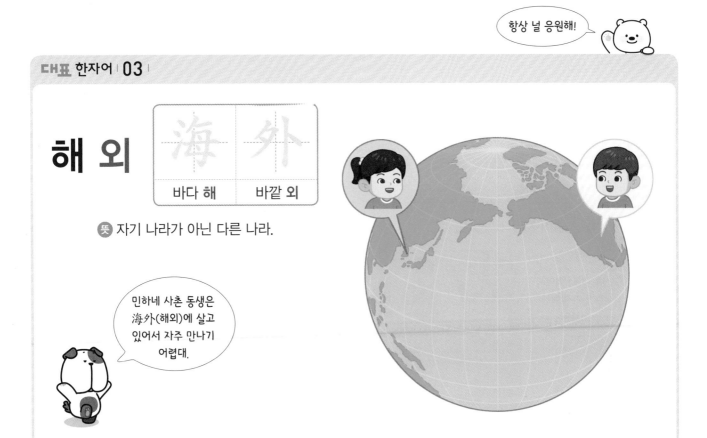

대표 한자어 04

내 외

內	外
안 내	바깥 외

뜻 안과 밖.

엘리베이터 內外(내외)에 많은 사람들이 있어.

대표 한자어 05

실 내

室	內
집 실	안 내

뜻 방이나 건물의 안.

나도 室內(실내) 스케이트장에 가고 싶어.

대표 한자어 | 06 |

인 도

人	道
사람 인	길 도

뜻 사람이 지나다니는 길.

기 도

氣	道
기운 기	길 도

뜻 숨을 쉴 때 공기가 지나가는 몸 안의 길.

人道(인도) 위에서 무슨 일이 일어난 거지?

경찰관이 氣道(기도)가 막힌 사람에게 응급 처치를 하고 있어.

대표 한자어 | 07 |

세 상

世	上
인간 세	윗 상

뜻 사람이 살고 있는 모든 사회.

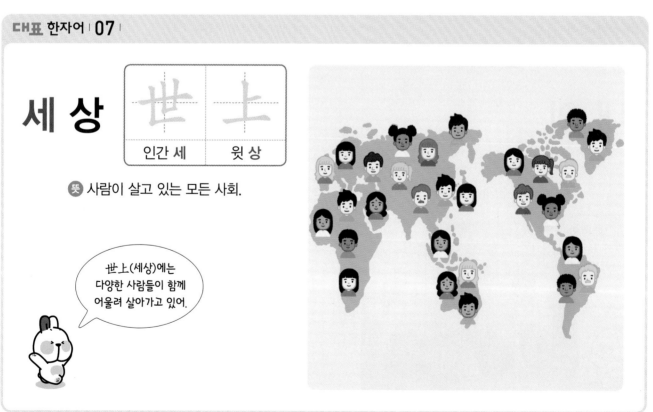

世上(세상)에는 다양한 사람들이 함께 어울려 살아가고 있어.

항상 널 응원해!

남하

南	下
남녘 남	아래 하

뜻 남쪽으로 내려감.

비구름이 南下(남하)하면서 서울은 맑고, 부산은 점차 흐려져 비가 내릴 예정이야.

서울

부산

동해

東	海
동녘 동	바다 해

뜻 우리나라의 동쪽에 있는 바다.

동남

東	南
동녘 동	남녘 남

뜻 동쪽을 기준으로 동쪽과 남쪽 사이.

東海(동해)에서 보는 해돋이가 정말 멋지구나!

東南(동남) 아시아 여행지에서 본 해돋이도 멋있었지.

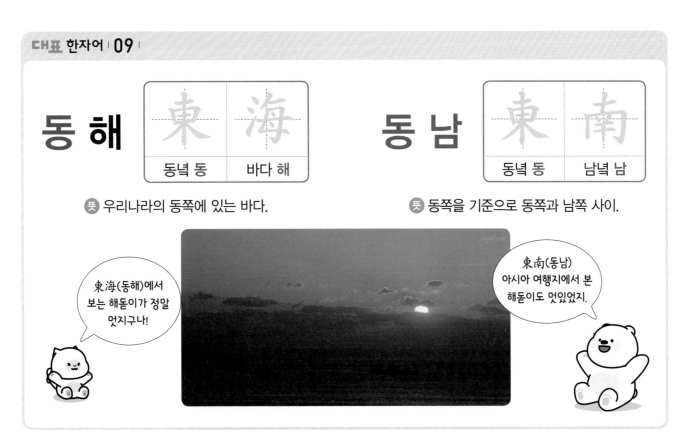

1 다음 한자어의 뜻으로 알맞은 것을 찾아 ∨표 하세요.

空間

☐ 어떤 일을 하기 위한 특정한 장소. 아무것도 없는 빈 곳.

☐ 숨을 쉴 때 들이마시고 내쉬는 모든 기체.

Tip

'空'은 [ ]을/를 뜻하며, '공'이라고 읽습니다.

답 비다

2 다음 ○에 들어갈 한자를 쓰세요.

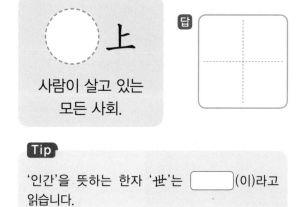

○ 上

사람이 살고 있는 모든 사회.

답 [ ]

Tip

'인간'을 뜻하는 한자 '世'는 [ ](이)라고 읽습니다.

답 세

3 다음 뜻에 해당하는 한자어를 찾아 선으로 이으세요.

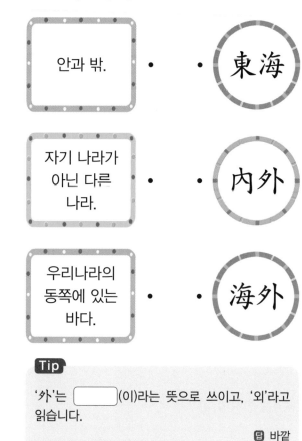

안과 밖. •   • 東海

자기 나라가 아닌 다른 나라. •   • 內外

우리나라의 동쪽에 있는 바다. •   • 海外

Tip

'外'는 [ ](이)라는 뜻으로 쓰이고, '외'라고 읽습니다.

답 바깥

4 다음 설명에 해당하는 한자어를 찾아 ○표 하세요.

> 설명
>
> 사람이 지나다니는 길.

人道　　　氣道

> **Tip**
>
> '인도'와 '기도'에 공통으로 쓰이는 한자 '道'는 ☐ 을/를 뜻하고, '도'라고 읽습니다.
>
> 답 길

5 '室內(실내)'의 뜻을 바르게 설명한 것에 ○표 하세요.

방이나 건물의 안.　　　안과 밖.

> **Tip**
>
> '內'는 '안'을 뜻하고, ☐ (이)라고 읽습니다.
>
> 답 내

6 다음 힌트를 보고 ☐ 안에 공통으로 들어갈 글자를 쓰세요.

> 힌트
>
> ● 동☐: 동쪽을 기준으로 동쪽과 남쪽 사이.
> ● ☐하: 남쪽으로 내려감.

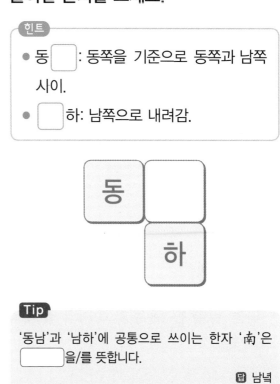

동 ☐

하

> **Tip**
>
> '동남'과 '남하'에 공통으로 쓰이는 한자 '南'은 ☐ 을/를 뜻합니다.
>
> 답 남녘

전략 1 한자어의 음(소리) 쓰기

다음 밑줄 친 漢字語한자어의 音(음: 소리)을 쓰세요.

보기

左右 ➜ 좌우

● 놀라운 소식에 世間의 관심이 집중되었습니다. ➜ (   )

답 세간

필수 예제 01

다음 밑줄 친 漢字語한자어의 音(음: 소리)을 쓰세요.

보기

上下 ➜ 상하

(1) 내 생일날 온 가족이 外食을 하기로 했습니다. ➜ (   )

(2) 여기에서 市内버스를 타면 바로 집으로 갈 수 있습니다. ➜ (   )

문장 속에 쓰인 한자어가
각각 어떤 한자로 이루어져
있는지 알아 두도록 합시다.

전략 **2** 한자의 뜻과 음(소리) 쓰기

다음 漢字한자의 訓(훈: 뜻)과 音(음: 소리)을 쓰세요.

> **보기**
>
> 中 ➡ 가운데 **중**

● 空 ➡ (   )

답 빌 공

필수 예제 **02**

다음 漢字한자의 訓(훈: 뜻)과 音(음: 소리)을 쓰세요.

> **보기**
>
> 後 ➡ 뒤 **후**

(1) 内 ➡ (   )

(2) 東 ➡ (   )

> 한자는 글자마다
> 뜻과 음(소리)을 가지고
> 있어서 한자의 뜻과
> 음(소리)을 모두 잘
> 기억해야 합니다.

전략 3 제시된 한자어 찾기

다음 밑줄 친 漢字語한자어를 보기에서 찾아 그 번호를 쓰세요.

보기

① 世上   ② 後世   ③ 水道   ④ 空中

● 세종대왕은 한글 창제라는 빛나는 업적을 후세에 남겼습니다. → (   )

답 ②

필수 예제 | 03 |

다음 밑줄 친 漢字語한자어를 보기에서 찾아 그 번호를 쓰세요.

보기

① 空中   ② 國外   ③ 空軍   ④ 水道

(1) 새들이 공중을 날아다니고 있습니다. → (   )

(2) 손을 씻고 나면 수도를 꼭 잠가야 합니다. → (   )

먼저 문장 속에 쓰인 낱말의 뜻을 생각해 보고, 그 뜻에 알맞은 한자어를 찾아봅시다.

▶정답 8쪽

전략 4 뜻과 음(소리)에 맞는 한자 찾기

다음 訓(훈: 뜻)과 音(음: 소리)에 맞는 漢字한자를 보기 에서 찾아 그 번호를 쓰세요.

보기

①東   ②南   ③內   ④世

• 남녘 남 ➡ (   )

답 ②

필수 예제 04

다음 訓(훈: 뜻)과 音(음: 소리)에 맞는 漢字한자를 보기 에서 찾아 그 번호를 쓰세요.

보기

①間   ②道   ③空   ④世

(1) 빌 공 ➡ (   )

(2) 사이 간 ➡ (   )

'한국어문회'에서 제시한 대표 뜻과 음(소리)을 꼭 알아 두어야 합니다.

[한자어의 음(소리) 쓰기]

1 다음 밑줄 친 漢字語한자어의 音(음: 소리)을 쓰세요.

책을 꽂을 <u>空間</u>이 부족합니다.

➡ (   )

[한자의 뜻과 음(소리) 쓰기]

2 다음 漢字한자의 訓(훈: 뜻)과 音(음: 소리)을 쓰세요.

> 보기
>
> 前 ➡ 앞 **전**

● 道 ➡ (   )

[뜻이 상대 또는 반대되는 한자 찾기]

3 다음 漢字한자의 상대 또는 반대되는 漢字한자를 보기 에서 찾아 그 번호를 쓰세요.

> 보기
>
> ① 世   ② 東   ③ 水   ④ 內

● (   ) ↔ 外

[제시된 한자어 찾기]

4 다음 밑줄 친 漢字語한자어를 보기 에서 찾아 그 번호를 쓰세요.

보기
① 上下　② 世上　③ 後世　④ 世間

● 넓은 세상을 마음껏 여행하고 싶습니다.
→ (　　　　　)

[뜻과 음(소리)에 맞는 한자 찾기]

5 다음 訓(훈: 뜻)과 音(음: 소리)에 맞는 漢字한자를 보기 에서 찾아 그 번호를 쓰세요.

보기
① 道　② 內　③ 東　④ 南

● 안 내 → (　　　　　)

[제시된 뜻에 맞는 한자어 찾기]

6 다음 뜻에 맞는 漢字語한자어를 보기 에서 찾아 그 번호를 쓰세요.

보기
① 南下　② 東南　③ 南東　④ 東海

● 동쪽을 기준으로 동쪽과 남쪽 사이. → (　　　　　)

01 다음 한자의 뜻을 보기 에서 찾아 그 번호를 쓰세요.

보기
① 인간   ② 안   ③ 사이

• 內 → (   )

02 다음 밑줄 친 낱말에 해당하는 한자를 찾아 ○표 하세요.

강아지는 건물 바깥에서 뛰노는 것을 좋아합니다.

 內    外

03 다음 □ 안에 들어갈 한자를 보기 에서 찾아 그 번호를 쓰세요.

보기
① 空   ② 南   ③ 世

• □氣 : 숨을 쉴 때 들이마시고 내쉬는 모든 기체.
→ (   )

04 다음 □ 안에 들어갈 한자에 ○표 하세요.

□下 : 남쪽으로 내려감.

東   南

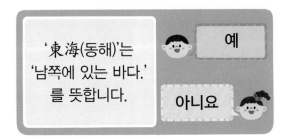

05 다음 문장의 내용이 맞으면 '예', 틀리면 '아니요'에 ○표 하세요.

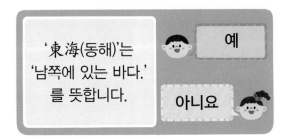

06 다음 ☐ 안에 들어갈 한자에 ∨표 하세요.

밤사이에 눈이 와서 온 ☐ 上이 눈으로 덮였습니다.

 南   世

07 다음 밑줄 친 낱말에 해당하는 한자어를 보기 에서 찾아 그 번호를 쓰세요.

보기
① 時間 ② 空間 ③ 世間

● 어질러진 물건을 정리하자 공간이 넓어졌습니다.

➜ (   )

08 다음 뜻과 음(소리)에 해당하는 한자를 찾아 ○표 하세요.

길 도

道

東

창의 융합

1 위 대화를 읽고, 공중에 떠 있는 물방울들이 햇빛을 받아서 생기는 것은 무엇인지 쓰세요.

➡ (   )

창의 융합

2 위 대화를 읽고, 금성은 새벽에 어디에서 볼 수 있는지 알맞은 것에 ○표 하세요.

(1) 남쪽 하늘 ➡ (　　　　　　)　　　　　(2) 동쪽 하늘 ➡ (　　　　　　)

코딩

1 다음 명령어 에 맞게 길을 따라가서 만나게 되는 한자에 ◯표 하고, 그 음(소리)을 쓰세요.

창의 융합

2 친구들이 운동을 하는 그림을 보고 ☐ 안에 알맞은 숫자를 쓰세요.

창의 융합

3 서하가 소개하는 것을 알맞게 떠올린 친구에 ○표 하고, ㉠~㉢의 음(소리)을 쓰세요.

이것은 ㉠空中을 날아 다닙니다. 몸의 ㉡中間에 날개가 있고, 이것을 타면 ㉢海外에 갈 수 있습니다.

서하

(1) 空中 ➡ (   )　　(2) 中間 ➡ (   )　　(3) 海外 ➡ (   )

코딩

4 다음 힌트를 보고 각 도형에 해당하는 한자를 사용하여 한자어를 만들어 쓰세요.

힌트			
中	空	世	間

| 世 | 間 | | | | |

창의 융합

5 다음 그림을 보고 동쪽으로 가려면 어느 방향으로 가야 하는지 알맞은 번호에 ○표 하세요.

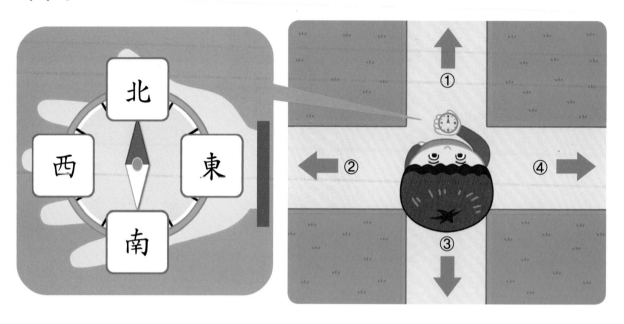

창의 융합

6 다음 그림에서 '時間'을 나타내는 낱말에 모두 ○표 하세요.

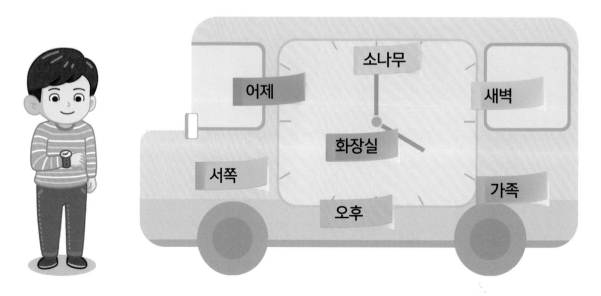

7 다음 그림을 보고 규칙을 찾은 다음, 빈칸에 들어갈 한자어의 음(소리)을 보기 에서 찾아 그 번호를 쓰세요.

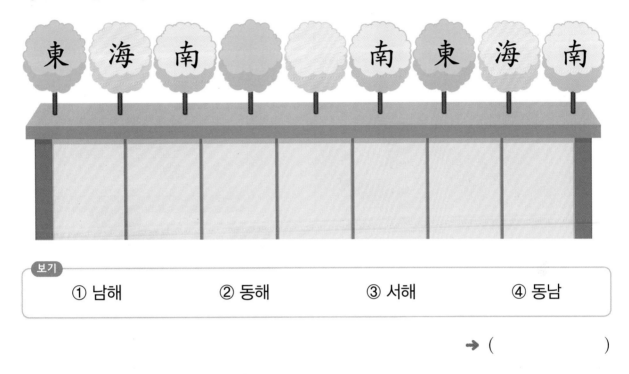

보기
① 남해   ② 동해   ③ 서해   ④ 동남

➜ (   )

8 다음 끝말잇기의 빈칸에 들어갈 한자어를 보기 에서 찾아 쓰세요.

보기
室內   內外   海外

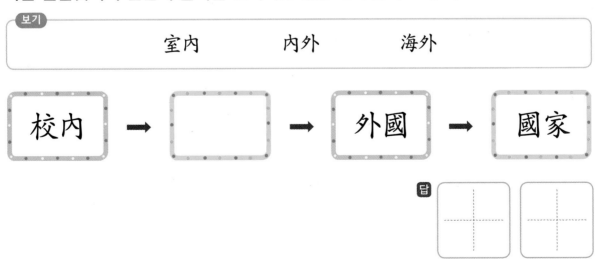

만화를 보고, 지금까지 배운 한자를 기억해 보세요.

1주 | 위치 한자

方　上　下　中　前　後　左　右

2주 | 공간 한자

空　間　內　外　世　道　東　南

신유형·신경향·서술형 전략

위치 한자

1 재윤이는 다음과 같은 문자를 받았습니다. 그림을 보고 물음에 답하세요.

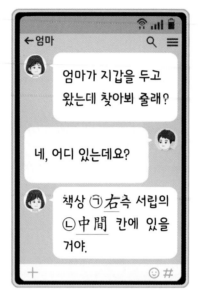

엄마가 지갑을 두고 왔는데 찾아뵈 줄래?

네, 어디 있는데요?

책상 ㉠右측 서랍의 ㉡中間 칸에 있을 거야.

❶ ㉠과 ㉡에 해당하는 한자나 한자어의 음(소리)을 쓰세요.

• 右 → (   )   • 中間 → (   )

❷ 엄마의 지갑이 있는 서랍의 번호를 찾아 ○표 하세요.

① ② ③ ④ ⑤ ⑥

Tip

'右'의 뜻은 ❶ [   ] 입니다. '中間'의 '中'은 ❷ [   ] 을/를 뜻합니다.

답 ❶ 오른쪽 ❷ 가운데

2 유나의 어렸을 적 사진입니다. 그림을 보고 물음에 답하세요.

❶ 다음 대화를 읽고 밑줄 친 낱말의 뜻으로 알맞은 한자를 찾아 ○표 하세요.

- 친구: 너도 이 사진 안(內, 外)에 있을 텐데, 어디에 있는지 잘 모르겠어.
- 유나: 나는 초록색 모자를 쓴 아이의 뒤(前, 後)에 있고, 꽃무늬가 있는 윗(上, 下)옷을 입었어.

❷ 다음 밑줄 친 낱말에 해당하는 한자어를 보기에서 찾아 그 번호를 쓰세요.

보기

① 內外   ② 時間   ③ 中間

- 유나: 그날 우리는 아주 즐거운 시간을 보냈어. ➜ (   )

Tip
'시간'을 나타내는 한자어에서 '時'의 뜻과 음(소리)은 ❶[   ](이)고, ❷[   ]의 뜻과 음(소리)은 '사이 간'입니다.

답 ❶ 때 시 ❷ 間

공간 한자

3 전시장 입구에 있는 안내문입니다. 글을 읽고 물음에 답하세요.

전시장 관람 예절

• 전시실 ㉠안에서는 조용히 합시다.

• 음식물은 전시실 ㉡밖에 있는

　휴식 ㉢空間에서 드세요.

❶ ㉠과 ㉡을 합쳐서 만들 수 있는 낱말의 뜻을 보고 알맞은 한자어를 보기 에서 찾아 쓰세요.

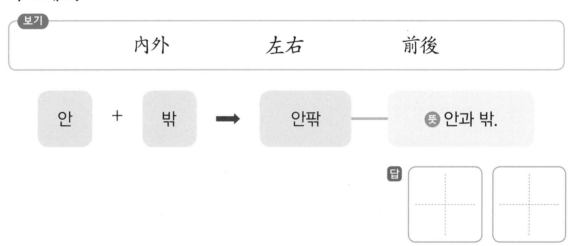

보기

內外　　　　左右　　　　前後

안　+　밖　➡　안팎　──　뜻 안과 밖.

답

❷ ㉢에 해당하는 한자어의 음(소리)을 쓰세요.

• 空間 ➡ (　　　　　　　)

Tip
'안'을 뜻하는 한자는 ❶ 　　 (이)고, '바깥'을 뜻하는 한자는 ❷ 　　 입니다. '안'과 '밖'을 합친 낱말은 '안밖'이 아니라
❸ 　　 입니다.

답 ❶ 內 ❷ 外 ❸ 안팎

위치 한자, 공간 한자

4 민수네 가족이 여행 장소를 정하고 있습니다. 그림을 보고 물음에 답하세요.

❶ ㉠~㉢에 해당하는 한자의 음(소리)을 쓰세요.

- 方 → (   )
- 東 → (   )
- 南 → (   )

❷ 다음 밑줄 친 낱말에 해당하는 한자어를 보기 에서 찾아 그 번호를 쓰세요.

보기

① 南東　　　　② 東西　　　　③ 東南

- 아빠: 그렇다면 <u>동남</u>쪽으로 가는 것은 어떨까요? → (   )

Tip

'東'의 뜻은 '동녘', 음(소리)은 ❶ [   ](이)고, '南'의 뜻은 ❷ [   ], 음(소리)은 '남'입니다.

답 ❶ 동 ❷ 남녘

[문제 01~02] 다음 밑줄 친 漢字語한자어의 音(음: 소리)을 쓰세요.

보기

自立 ➡ 자립

　　내 방의 책장을 01 <u>上中下</u>로 나누어 책을 분류해서 정리했습니다. 가운데 칸의 02<u>左右</u> 양쪽 끝에는 내가 좋아하는 만화책을 꽂았습니다.

01 上中下 ➡ (　　　　　　　)

02 左右 ➡ (　　　　　　　)

[문제 03~04] 다음 漢字한자의 訓(훈: 뜻)과 音(음: 소리)을 쓰세요.

보기

方 ➡ 모 **방**

03 前 ➡ (　　　　　　　)

04 中 ➡ (　　　　　　　)

[문제 05~06] 다음 訓(훈: 뜻)과 音(음: 소리)에 알맞은 漢字한자를 에서 찾아 그 번호를 쓰세요.

보기

① 後   ② 下

05

☐

뒤 후

06

☐

아래 하

[문제 07~08] 다음 밑줄 친 漢字語한자어를 에서 찾아 그 번호를 쓰세요.

보기

① 後方   ② 左右

07 새들이 좌우 날개를 퍼덕이며 날아갑니다. → (   )

08 주차할 때에는 후방에 사람이 없는지 잘 살펴야 합니다.

→ (   )

[문제 09~10] 다음 뜻에 맞는 *漢字語*한자어를 보기 에서 찾아 그 번호를 쓰세요.

보기
① 左右　　② 前方

09 앞쪽. 앞을 향한 방향.
→ (　　　　　)

10 왼쪽과 오른쪽.
→ (　　　　　)

[문제 11~12] 다음 *漢字*한자의 상대 또는 반대되는 *漢字*한자를 보기 에서 찾아 그 번호를 쓰세요.

보기
① 後　　　② 下

11 上 ↔ (　　　　　)

12 前 ↔ (　　　　　)

[문제 13~14] 다음 訓(훈: 뜻)과 音(음: 소리)에 알맞은 漢字한자를 보기 에서 찾아 그 번호를 쓰세요.

보기
① 方　　　② 前

13 앞 전 ➔ (　　　　)

14 모 방 ➔ (　　　　)

[문제 15~16] 다음 漢字한자의 진하게 표시된 획은 몇 번째 쓰는지 보기 에서 찾아 그 번호를 쓰세요.

보기
① 첫 번째　　② 두 번째
③ 세 번째　　④ 네 번째

15 前 (　　　　)

16 右 (　　　　)

[문제 01~02] 다음 밑줄 친 漢字語한자어의 音(음: 소리)을 쓰세요.

> 보기
>
> 上下 ➡ 상하

새로 이사 온 집에는 짐을 넣을 01空間이 많습니다. 내 방은 02東南 방향으로 창문이 있어서 햇빛이 잘 들어옵니다. 햇빛이 따뜻해서 기분이 좋습니다.

01 空間 ➡ (   )

02 東南 ➡ (   )

[문제 03~04] 다음 漢字한자의 訓(훈: 뜻)과 音(음: 소리)을 쓰세요.

> 보기
>
> 土 ➡ 흙 토

03 道 ➡ (   )

04 外 ➡ (   )

[문제 05~06] 다음 訓(훈: 뜻)과 音(음: 소리)에 알맞은 漢字한자를 보기 에서 찾아 그 번호를 쓰세요.

보기
① 世   ② 空

05

□

인간 세

06

□

빌 공

[문제 07~08] 다음 밑줄 친 漢字語한자어를 보기 에서 찾아 그 번호를 쓰세요.

보기
① 人道   ② 世上

07 과학 기술의 발달로 세상이 참 편리해 졌습니다. ➡ (   )

08 사람은 인도로 다니고, 차는 차도로 다 닙니다. ➡ (   )

[문제 09~10] 다음 뜻에 맞는 漢字語한자어를 보기에서 찾아 그 번호를 쓰세요.

보기
① 空間　　② 內外

09 안과 밖. → (　　　　　)

10 어떤 일을 하기 위한 특정한 장소. 아무 것도 없는 빈 곳.
　　　　　→ (　　　　　)

[문제 11~12] 다음 漢字한자의 상대 또는 반대되는 漢字한자를 보기에서 찾아 그 번호를 쓰세요.

보기
① 內　　② 西

11 東 ↔ (　　　　　)

12 外 ↔ (　　　　　)

▶정답 10쪽

[문제 13~14] 다음 訓(훈: 뜻)과 音(음: 소리)에 알맞은 漢字한자를 보기 에서 찾아 그 번호를 쓰세요.

보기
① 道   ② 南

13 남녘 남 ➡ (   )

14 길 도 ➡ (   )

[문제 15~16] 다음 漢字한자의 진하게 표시된 획은 몇 번째 쓰는지 보기 에서 찾아 그 번호를 쓰세요.

보기
① 세 번째   ② 네 번째
③ 다섯 번째   ④ 여섯 번째

15 世 (   )

16 間 (   )

교과 학습 한자어 | 01 |

안 내

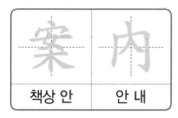

案	内
책상 안	안 내

길을 헤매는 친구들을 목적지까지 案內(안내) 하였습니다.

뜻 어떤 내용을 소개하여 알려 줌. 또는 그런 일.

심화 한자 1 부수 木 | 총 10획

案
책상 안

'책상'이나 '생각', '안건'이라는 뜻을 가진 한자예요. 앉아 있는 모습을 그린 '安(편안 안)'에 '木(나무 목)'이 결합되어 나무로 만들어진 '책상'을 뜻하게 되었어요.

쓰는 순서 丶 丷 宀 穴 安 安 安 宰 㝊 案

案	案				
책상 안	책상 안				

교과 학습 한자어 | 02 |

중지

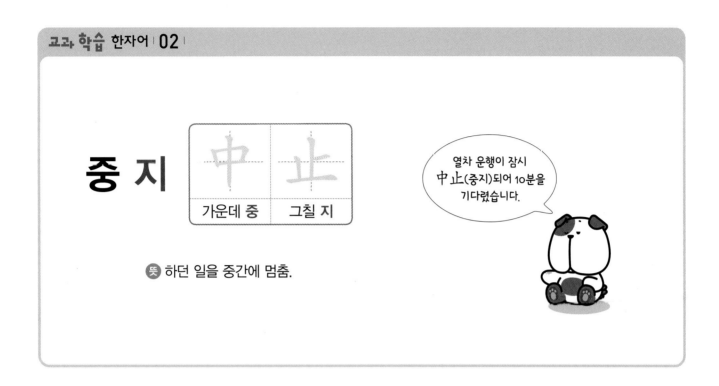

中	止
가운데 중	그칠 지

열차 운행이 잠시 中止(중지)되어 10분을 기다렸습니다.

뜻 하던 일을 중간에 멈춤.

심화 한자 2 부수 止 | 총 4획

止

그칠 지

'그치다'나 '멈추다'라는 뜻을 가진 한자예요. 발이 멈추었다는 의미로 '禁止(금지)하다'와 같이 무언가를 멈추거나 억제한다는 뜻으로 쓰이게 되었어요.

쓰는 순서 丨 ⺊ 㣺 止

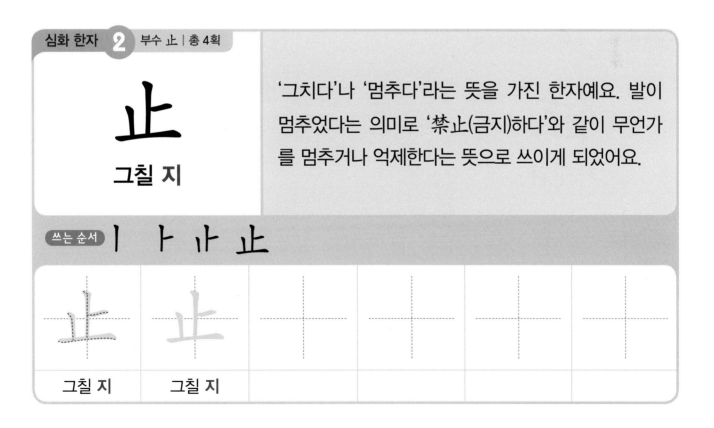

止	止				
그칠 지	그칠 지				

교과 학습 한자어 | 03 |

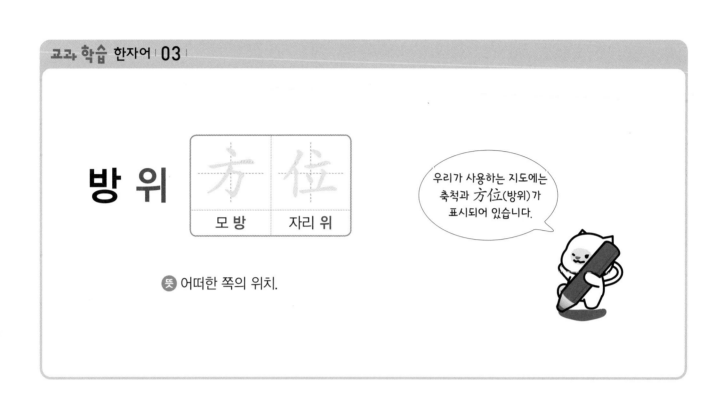

방 위

方	位
모 방	자리 위

우리가 사용하는 지도에는 축척과 方位(방위)가 표시되어 있습니다.

뜻 어떠한 쪽의 위치.

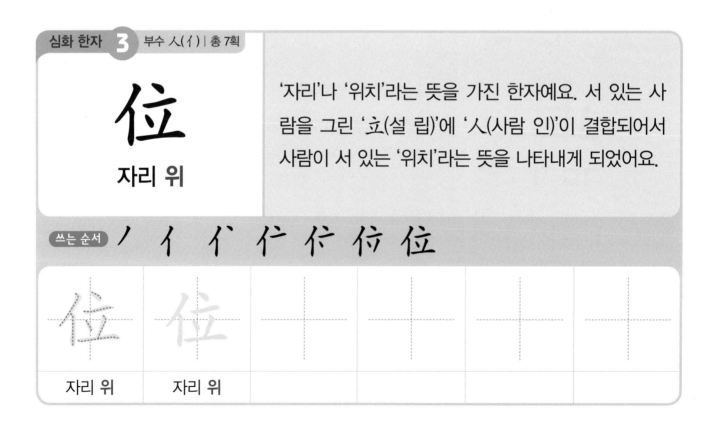

심화 한자 **3** 부수 人(亻) | 총 7획

位
자리 위

'자리'나 '위치'라는 뜻을 가진 한자예요. 서 있는 사람을 그린 '立(설 립)'에 '人(사람 인)'이 결합되어서 사람이 서 있는 '위치'라는 뜻을 나타내게 되었어요.

쓰는 순서 ノ 亻 亻 位 位 位 位

位	位			
자리 위	자리 위			

▶정답 11쪽

1 다음 뜻에 해당하는 한자어를 찾아 ◯표 하세요.

어떤 내용을 소개하여 알려 줌.
또는 그런 일.

案内　　室内

2 다음 뜻에 해당하는 한자어를 찾아 선으로 이으세요.

하던 일을
중간에 멈춤.

中止

中心

3 '方位'의 뜻으로 알맞은 것을 찾아 ◯표 하세요.

어떠한 쪽의
위치.

향하고 있는
방향과 반대되는
방향.

메모

메모

전편을 모두 공부하느라
수고 많았어요!

쑥쑥 오른 한자 실력으로
어려운 문제도 척척 풀 수 있을 거예요.

이제는 후편을 공부하며
차근차근 한자 실력을 길러 볼까요?

어떤 한자가 우리를 기다리고 있을지
준비, 출발!

한자 전략

2단계 B 7급 II ②

후편

이 책의 차례

7급 Ⅱ 배정 한자 총 100자

■ 은 2단계 B 전편 학습 한자, ■ 은 후편 학습 한자입니다.

ㄱ				
家 집 가	間 사이 간	江 강 강	車 수레 거|차	空 빌 공
工 장인 공	敎 가르칠 교	校 학교 교	九 아홉 구	國 나라 국
軍 군사 군	金 쇠 금|성 김	記 기록할 기	氣 기운 기	**ㄴ** 男 사내 남
南 남녘 남	內 안 내	女 여자 녀	年 해 년	農 농사 농
ㄷ 答 대답 답	大 큰 대	道 길 도	東 동녘 동	動 움직일 동
ㄹ 力 힘 력	六 여섯 륙	立 설 립	**ㅁ** 萬 일만 만	每 매양 매
名 이름 명	母 어머니 모	木 나무 목	門 문 문	物 물건 물
民 백성 민	**ㅂ** 方 모 방	白 흰 백	父 아버지 부	北 북녘 북|달아날 배
不 아닐 불	**ㅅ** 四 넉 사	事 일 사	山 메 산	三 석 삼
上 윗 상	生 날 생	西 서녘 서	先 먼저 선	姓 성 성

世	小	手	水	時
인간 세	작을 소	손 수	물 수	때 시
市	食	室	十	安
저자 시	밥/먹을 식	집 실	열 십	편안 안
午	五	王	外	右
낮 오	다섯 오	임금 왕	바깥 외	오를/오른(쪽) 우
月	二	人	一	日
달 월	두 이	사람 인	한 일	날 일
自	子	長	場	電
스스로 자	아들 자	긴 장	마당 장	번개 전
前	全	正	弟	足
앞 전	온전 전	바를 정	아우 제	발 족
左	中	直	青	寸
왼 좌	가운데 중	곧을 직	푸를 청	마디 촌
七	土	八	平	下
일곱 칠	흙 토	여덟 팔	평평할 평	아래 하
學	韓	漢	海	兄
배울 학	한국/나라 한	한수/한나라 한	바다 해	형 형
話	火	活	孝	後
말씀 화	불 화	살 활	효도 효	뒤 후

활동 한자

❶ 活 살 활　　　❷ 動 움직일 동　　　❸ 農 농사 농　　　❹ 教 가르칠 교

❺ 話 말씀 화　　　❻ 記 기록할 기　　　❼ 答 대답 답　　　❽ 學 배울 학

점선 위로 겹쳐서 한자를 써 보세요.

연한 글씨 위로 겹쳐서 한자를 따라 써 보세요.

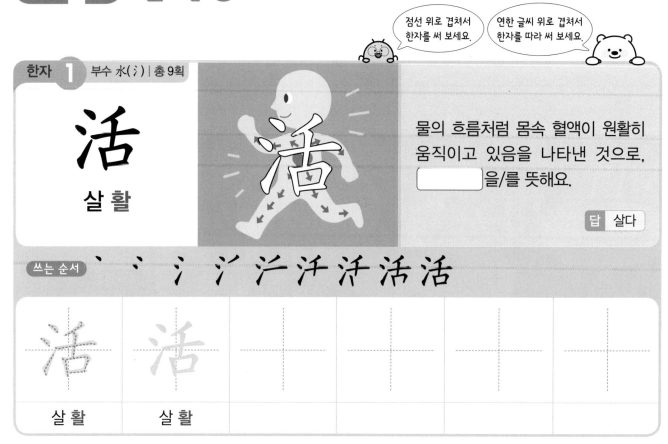

한자 **1** 부수 水(氵) | 총 9획

活
살 활

물의 흐름처럼 몸속 혈액이 원활히 움직이고 있음을 나타낸 것으로, ☐ 을/를 뜻해요.

답 살다

쓰는 순서 ` ﹒ 氵 氵 汗 汗 汗 活 活

活	活				
살 활	살 활				

한자 **2** 부수 力 | 총 11획

動
움직일 동

무거운 짐을 힘써 옮기는 모습을 나타낸 한자로, ☐ 을/를 뜻하게 되었어요.

답 움직이다

쓰는 순서 ` ﹒ 亻 亻 亼 旨 旨 盲 重 重 動 動

動	動				
움직일 동	움직일 동				

한자 기초 확인

▶ 정답 11쪽

1 한자 '살 활'을 찾으며 길을 따라가면 나오는 화분에 ○표 하세요.

2 '움직이다'라는 뜻의 한자가 쓰여 있는 건전지에 ○표 하세요.

건전지를 넣으면 자동차가 움직일 거야.

점선 위로 겹쳐서 한자를 써 보세요.

연한 글씨 위로 겹쳐서 한자를 따라 써 보세요.

한자 3 부수 辰 | 총 13획

農
농사 농

밭을 갈며 농사를 짓는 모습을 나타내는 한자로, ☐☐을/를 뜻해요.

답 **농사**

쓰는 순서 丨 冂 日 申 曲 曲 曲 严 严 严 農 農 農

農	農			
농사 농	농사 농			

한자 4 부수 攴(攵) | 총 11획

教
가르칠 교

지시봉을 들고 아이를 지도하는 모습에서 ☐☐☐(이)라는 뜻이 생겼어요.

답 **가르치다**

쓰는 순서 ノ ㄨ ㄥ ㄓ 圣 考 孝 爻 敎 敎 教

教	教			
가르칠 교	가르칠 교			

뜻이 반대인 한자 **學**(배울 학)

3 다음 그림에 어울리는 한자를 보기 에서 찾고, 그 한자의 뜻과 음(소리)을 쓰세요.

보기

農   空   敎

● 뜻 ➡ (   )   ● 음(소리) ➡ (   )

4 달고나에 새겨진 한자의 뜻과 음(소리)을 바르게 말한 친구에 ○표 하세요.

1 다음 한자의 뜻과 음(소리)으로 알맞은 것을 찾아 ○표 하세요.

活

살 활   농사 농

教

움직일 동   가르칠 교

2 다음 문장의 내용이 맞으면 '예', 틀리면 '아니요'에 ○표 하세요.

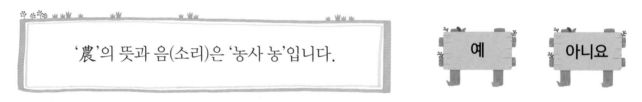

'農'의 뜻과 음(소리)은 '농사 농'입니다.

예   아니요

3 다음 뜻에 해당하는 한자를 찾아 ∨표 하세요.

살다   □ 活   □ 動   □ 農

4 다음 한자의 음(소리)으로 알맞은 것을 찾아 선으로 이으세요.

5 다음 밑줄 친 말에 해당하는 한자를 찾아 ○표 하세요.

선생님께서 뺄셈을 <u>가르치고</u> 계십니다.

活   教

6 다음 한자 카드에 들어갈 한자로 알맞은 것에 ∨표 하세요.

농사 농

□ 農   □ 動

점선 위로 겹쳐서 한자를 써 보세요.

연한 글씨 위로 겹쳐서 한자를 따라 써 보세요.

한자 1 부수 言 | 총 13획

話
말씀 화

좋은 말을 해야 하고, 나쁜 말은 되도록 하지 말아야 함을 표현한 한자로, ☐ 을/를 뜻해요.

답 | 말씀

쓰는 순서 `丶 二 亖 言 言 言 言 訂 訢 話 話

話	話				

말씀 화 말씀 화

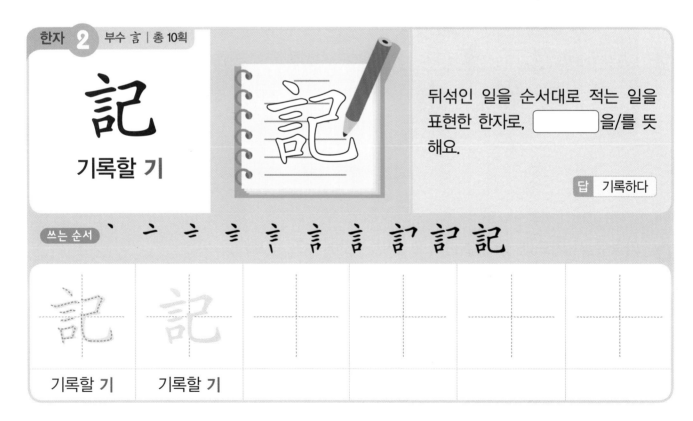

한자 2 부수 言 | 총 10획

記
기록할 기

뒤섞인 일을 순서대로 적는 일을 표현한 한자로, ☐ 을/를 뜻해요.

답 | 기록하다

쓰는 순서 `丶 二 亖 言 言 言 記 記 記

記	記				

기록할 기 기록할 기

▶정답 12쪽

1 다음 대화 내용에 해당하는 한자를 보기 에서 찾아 안에 쓰세요.

보기

記　　話　　活

이 한자의 뜻은 '말씀'이야.

이 한자의 음(소리)은 '화'야.

← 선생님

친구들이 설명하는 한자는 무엇일까?

답

2 다음 그림일기에서 밑줄 친 말의 뜻에 해당하는 한자를 찾아 ○표 하세요.

○월 ○일 ○요일　날씨 맑음

나는 매일 하루의

나	는		매	일		하	루	의
일	을		기	록	한	다	.	기	자
가		내		꿈	이	기		때	문
에		미	리		준	비	를		하
는		것	이	다	.				

氣　　　　記　　　　話

점선 위로 겹쳐서
한자를 써 보세요.

연한 글씨 위로 겹쳐서
한자를 따라 써 보세요.

한자 **3** 부수 竹(⺮) | 총 12획

答
대답 답

옛날에 대나무에 편지를 주고받았
던 모습에서 □□□(이)라는 뜻
이 생겼어요.

답 대답

쓰는 순서 丿 𠂉 𠂊 𠂉 竹 竹 竺 竺 竺 筌 答 答

答	答				
대답 답	대답 답				

한자 **4** 부수 子 | 총 16획

學
배울 학

서당에서 가르침을 받는 모습을
나타낸 한자로, □□□을/를 뜻
해요.

답 배우다

쓰는 순서 ⺊ 丨 𠂆 𠂆 𠂆 𠂆 𠂆 𣃦 𣃦 𦥯 𦥯 𦥯 與 學 學 學

學	學				
배울 학	배울 학				

뜻이 반대인 한자 教(가르칠 교)

3 한자 '答'의 뜻과 어울리는 행동을 하고 있는 사람에 ○표 하세요.

4 다음 그림에 어울리는 한자의 뜻과 음(소리)을 찾아 ∨표 하세요.

☐ 기록할 기   ☐ 대답 답   ☐ 배울 학

1 다음 한자 카드에 들어갈 뜻과 음(소리)으로 알맞은 것에 ∨표 하세요.

☐ 배울 학   ☐ 대답 답

2 다음 한자의 뜻과 음(소리)을 쓰세요.

話 [   ]을/를 뜻하고, [ ](이)라고 읽습니다.

記 [   ]을/를 뜻하고, [ ](이)라고 읽습니다.

3 다음 한자의 음(소리)으로 알맞은 것을 찾아 선으로 이으세요.

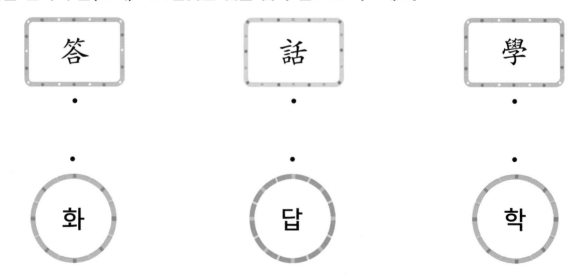

答   話   學

•   •   •

•   •   •

화   답   학

▶정답 13쪽

4 다음 밑줄 친 낱말에 해당하는 한자를 찾아 ○표 하세요.

우리 반 친구들은 선생님의 질문에
대답을 잘합니다.

5 다음 한자의 뜻과 음(소리)을 바르게 나타낸 것에 ∨표 하세요.

☐ 말씀 화

☐ 학교 교

6 다음 밑줄 친 한자의 음(소리)으로 알맞은 것에 ○표 하세요.

나는 커서 훌륭한 記자가 되고 싶습니다.

| 기 | 학 |

대표 한자어 | 01 |

활 동

活	動
살 활	움직일 동

뜻 몸을 움직여 행동함.

활 력

活	力
살 활	힘 력

뜻 살아 움직이는 힘.

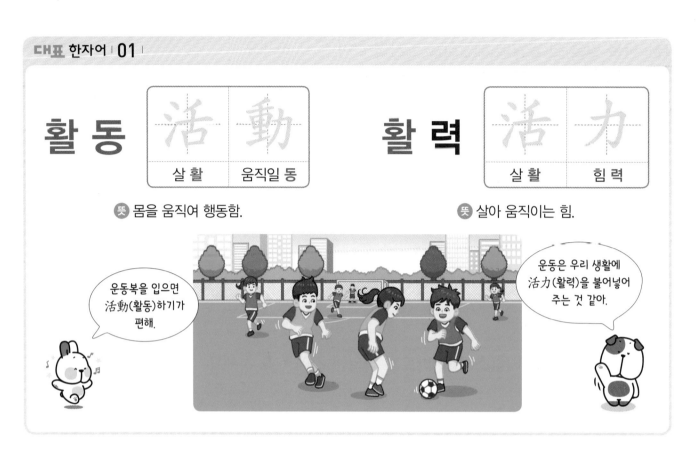

대표 한자어 | 02 |

동 력

動	力
움직일 동	힘 력

뜻 기계를 움직여서 일을 하게 하는 힘.

대표 한자어 | 03 |

일 기

日	記
날 일	기록할 기

뜻 그날그날 겪은 일이나 생각, 느낌 등을 적은 글.

대표 한자어 04

교 학

教 學
가르칠 교   배울 학

뜻 가르치고 배움.

윤서네 할아버지께서는 젊어서부터 평생 敎學(교학)에 힘쓰며 살아오셨대.

대표 한자어 05

농 장

農 場
농사 농   마당 장

뜻 농사지을 땅과 도구 등을 갖추고 농사를 짓는 곳.

농 가

農 家
농사 농   집 가

뜻 농사짓는 집. 또는 그런 가정.

해 봤지. 農家(농가)에서 하루 묵으면서 딸기도 따고 딸기잼도 만들었어.

딸기 農場(농장)에서 딸기 수확 체험을 해 본 적 있니?

후 학

後 學
뒤 후　배울 학

뜻 학문에서 후배를 이르는 말.

지우네 할머니께서는 대학에서 後學(후학)을 기르고 계셔.

같은 공부를 하는 학생들을 가르치는 일에 보람을 느끼신대.

명 답

名 答
이름 명　대답 답

뜻 질문에 꼭 맞게 잘한 대답.

엄마가 좋아, 아빠가 좋아?

나도 저런 질문을 받은 적이 있어.

비교할 수 없죠. 저에겐 두 분 모두 똑같이 소중해요.

그 말이 바로 名答(명답) 이구나!

항상 널 응원해!

전 화

電	話
번개 전	말씀 화

뜻 전화기를 이용하여 말을 주고받음. 전화기.

수 화

手	話
손 수	말씀 화

뜻 손짓이나 몸짓으로 의미를 전달하는 언어.

소미가 할머니께 안부 電話(전화)를 드리고 있어!

할머니께서는 요즘 청각 장애인과 대화하기 위해 手話(수화)를 배우신대.

자 답

自	答
스스로 자	대답 답

뜻 스스로 대답함. 또는 그런 대답.

자문自答(자답)을 해 본 적이 있니?

스스로 묻고 스스로 대답하는 것 말이지? 그럼! 나는 자문하고 自答(자답)하는 방식으로 일기를 쓰고 있어.

1 한자 '話'가 들어 있는 낱말에 ○표 하세요.

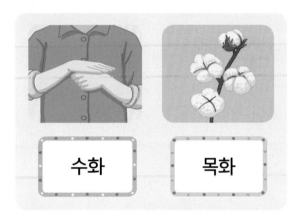

| 수화 | 목화 |

Tip

'手話'는 '손짓이나 몸짓으로 의미를 전달하는 (글자, 언어)'을/를 뜻하는 한자어입니다.

🔲 언어

2 다음 그림과 뜻에 해당하는 한자어를 찾아 선으로 이으세요.

농사지을 땅과 도구 등을 갖추고 농사를 짓는 곳.

農場　　　後學

Tip

'農場'의 '農'에는 [　　　](이)라는 뜻이 들어 있습니다.

🔲 농사

3 다음 ◌에 들어갈 한자를 보기에서 찾아 한자어를 완성하세요.

보기

活　答　學

◌力: 살아 움직이는 힘.

답

| | 力 |

Tip

'活'의 뜻은 '살다'이고, 음(소리)은 [　　　]입니다.

🔲 활

4 다음 에 해당하는 한자어를 찾아 ○표 하세요.

> **설명**
>
> 그날그날 겪은 일이나 생각, 느낌 등을 적은 글.

日記   名答

> **Tip**
>
> '日記'의 '記'는 [ ]을/를 뜻하고, '기'라고 읽습니다.
>
> 답 기록하다

5 다음 한자어의 뜻으로 알맞은 것을 찾아 ∨표 하세요.

動力

☐ 기계를 움직여서 일을 하게 하는 힘.

☐ 몸을 움직여 행동함.

> **Tip**
>
> '動力'의 '動'은 [ ]을/를 뜻하고, '力'은 '힘' 을 뜻합니다.
>
> 답 움직이다

6 다음 낱말 퍼즐을 푸세요.

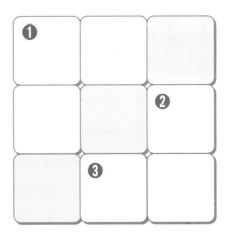

> **가로 열쇠**
>
> ❶ 농사지을 땅과 도구 등을 갖추고 농사를 짓는 곳.
> ❸ 질문에 꼭 맞게 잘한 대답.

> **세로 열쇠**
>
> ❶ 농사짓는 집. 또는 그런 가정.
> ❷ 스스로 대답함. 또는 그런 대답.

> **Tip**
>
> '名答'과 '自答'에 공통으로 들어가는 한자 '答'은 [ ]을/를 뜻하고, '답'이라고 읽습니다.
>
> 답 대답

전략 1   한자어의 음(소리) 쓰기

다음 밑줄 친 漢字語한자어의 音(음: 소리)을 쓰세요.

보기

空間 ➡ 공간

● 운동복은 活動하기에 편한 옷입니다. ➡ (   )

답   활동

필수 예제 | 01 |

다음 밑줄 친 漢字語한자어의 音(음: 소리)을 쓰세요.

보기

內外 ➡ 내외

(1) 전학 간 친구가 보고 싶어 電話를 했습니다. ➡ (   )

(2) 친구에게 전화한 일을 日記에 썼습니다. ➡ (   )

문장 속에 쓰인
한자어가 각각 어떤 한자들로
이루어져 있는지 알아
두도록 합니다.

전략 2 한자의 뜻과 음(소리) 쓰기

다음 漢字한자의 訓(훈: 뜻)과 音(음: 소리)을 쓰세요.

보기

空 → 빌 공

• 農 → (   )

답 농사 농

필수 예제 02

다음 漢字한자의 訓(훈: 뜻)과 音(음: 소리)을 쓰세요.

보기

世 → 인간 세

(1) 話 → (   )

(2) 答 → (   )

한자의
뜻과 음(소리)은
반드시 함께 알아
두어야 합니다.

전략 3   제시된 한자어 찾기

다음 밑줄 친 漢字語_{한자어}를 보기 에서 찾아 그 번호를 쓰세요.

보기

① 農場   ② 農家   ③ 農民   ④ 農土

• 이 지역은 사과 재배 농가가 많습니다. → (   )

답 ②

필수 예제 03

다음 밑줄 친 漢字語_{한자어}를 보기 에서 찾아 그 번호를 쓰세요.

보기

① 後學   ② 日記   ③ 敎學   ④ 後記

(1) 할아버지께서는 평생 교학에 힘쓰셨습니다. → (   )

(2) 할머니께서는 대학에서 후학을 기르십니다. → (   )

먼저 글 속에 쓰인
말의 뜻을 생각해 보고,
그 뜻에 해당하는 한자어를
찾아내도록 합니다.

전략 4 제시된 뜻에 맞는 한자어 찾기

다음 뜻에 맞는 漢字語한자어를 보기 에서 찾아 그 번호를 쓰세요.

보기

① 自動   ② 手動   ③ 動力   ④ 活動

● 기계를 움직여서 일을 하게 하는 힘. ➡ (   )

답 ③

필수 예제 04

다음 뜻에 맞는 漢字語한자어를 보기 에서 찾아 그 번호를 쓰세요.

보기

① 電話   ② 名答   ③ 自答   ④ 手話

(1) 스스로 대답함. 또는 그런 대답. ➡ (   )

(2) 손짓이나 몸짓으로 의미를 전달하는 언어. ➡ (   )

> 한자의 뜻이 생각나지 않을 때는 한자의 뜻을 조합하여 문제를 풀어 봅니다.

[한자어의 음(소리) 쓰기]

1 다음 밑줄 친 漢字語한자어의 音(음: 소리)을 쓰세요.

다리를 다쳐 *活動*이 어렵습니다.

➜ (   )

Tip

'活動'의 '活'은 '살다'를 뜻하고, '활'이라고 읽습니다.

[한자의 뜻과 음(소리) 쓰기]

2 다음 漢字한자의 訓(훈: 뜻)과 音(음: 소리)을 쓰세요.

> 보기
>
> 東 ➜ 동녘 **동**

● 動 ➜ (   )

Tip

'動'의 뜻은 '움직이다'입니다.

[뜻이 상대 또는 반대되는 한자 찾기]

3 다음 漢字한자의 상대 또는 반대되는 漢字한자를 보기 에서 찾아 그 번호를 쓰세요.

> 보기
>
> ① 記   ② 活   ③ 敎   ④ 答

● (   ) ↔ 學

Tip

'學'의 뜻은 '배우다'이고, 음(소리) 은 '학'입니다.

▶정답 14쪽

[제시된 한자어 찾기]

4 다음 뜻에 맞는 漢字語_{한자어}를 보기 에서 찾아 그 번호를 쓰세요.

Tip
'농장'은 '농사지을 땅과 도구 등을 갖추고 농사를 짓는 곳.'을 말합니다.

> 보기
>
> ① 農民   ② 農土   ③ 農家   ④ 農場

● 삼촌께서는 닭과 돼지를 기르는 <u>농장</u>을 관리하십니다.

→ (   )

[뜻과 음(소리)에 맞는 한자 찾기]

5 다음 訓(훈: 뜻)과 音(음: 소리)에 맞는 漢字_{한자}를 보기 에서 찾아 그 번호를 쓰세요.

Tip
'대답 답'은 '명답'과 '자답'에 공통으로 들어가는 한자입니다.

> 보기
>
> ① 教   ② 記   ③ 答   ④ 學

● 대답 답 → (   )

[제시된 뜻에 맞는 한자어 찾기]

6 다음 뜻에 맞는 漢字語_{한자어}를 보기 에서 찾아 그 번호를 쓰세요.

Tip
'電話'와 '手話'에 공통으로 쓰인 '話'는 '말씀'을 뜻하고, '화'라고 읽습니다.

> 보기
>
> ① 電話   ② 自答   ③ 手話   ④ 日記

● 전화기를 이용하여 말을 주고받음. 전화기.

→ (   )

맞은 개수

개

01 다음 밑줄 친 말에 해당하는 한자로 알맞은 것을 찾아 ○표 하세요.

최초의 <u>동</u>력 비행기는 독수리의 모습을 본떠 만들었습니다.

農

動

02 다음 뜻과 음(소리)에 해당하는 한자를 보기 에서 찾아 그 번호를 쓰세요.

보기

① 農　　② 學　　③ 答

농사 농

➡ (　　　　　)

03 다음 ☐ 안에 들어갈 한자를 보기 에서 찾아 그 번호를 쓰세요.

보기

① 活　　② 敎　　③ 動

● ☐ 學: 가르치고 배움.

➡ (　　　　　)

04 다음 뜻과 음(소리)에 해당하는 한자를 찾아 ○표 하세요.

말씀 화

話　　　答

05 다음 ◯에 공통으로 들어갈 한자를 찾아 ◯표 하세요.

- 名◯ : 질문에 꼭 맞게 잘한 대답.
- 自◯ : <u>스스로 대답함.</u> 또는 그런 대답.

答   記

07 다음 한자의 뜻을 보기 에서 찾아 그 번호를 쓰세요.

보기
① 기록하다   ② 움직이다

- 記 → (   )

06 다음 뜻에 해당하는 한자어를 보기 에서 찾아 그 번호를 쓰세요.

보기
① 日記 ② 活動 ③ 活力

- 살아 움직이는 힘.

→ (   )

08 다음 밑줄 친 낱말에 해당하는 한자어를 보기 에서 찾아 그 번호를 쓰세요.

보기
① 電話 ② 手話 ③ 自答

- 손짓이나 몸짓으로 의미를 전달하는 언어를 <u>수화</u>라고 합니다.

→ (   )

1 위 대화를 읽고, 친구들은 말하기 활동 시간에 무엇을 했는지 쓰세요.

➡ (   )

창의 융합

2 위 대화를 읽고, 다운이는 무슨 내용을 일기에 쓰려고 하는지 쓰세요.

➡ (   )

코딩

1 한자 '農'을 명령어 에 따라 움직였을 때 만들어지는 한자어의 음(소리)을 쓰세요.

명령어

시작

↓

오른쪽으로 1칸

↓

위로 1칸

↓

오른쪽 글자와 합쳐 한자어 만들기

↓

끝

民　　　　　家

출발
農

場　　　　　土

● 한자어의 음(소리) ➔ (　　　　　　　)

창의 융합

2 그림의 각 부분에 해당하는 한자어를 보기 에서 찾아 그 번호를 ☐ 안에 쓰세요.

보기

① 學生　　　　② 學校　　　　③ 教室

코딩

3 농사짓는 로봇은 다음 **조건** 에 맞게 채소를 수확합니다. 로봇이 딴 채소의 개수를 쓰세요.

조건

'答'의 음(소리)은 '답'이다.	맞으면	토마토 3개 따기
	틀리면	오이 3개 따기
'記'의 뜻은 '기록하다' 이다.	맞으면	토마토 2개 따기
	틀리면	오이 2개 따기
'敎'의 음(소리)은 '학'이다	맞으면	10분 휴식
	틀리면	오이 1개 따기

(1) 토마토: ➡ (   )개
(2) 오이 : ➡ (   )개

창의 융합

4 그림을 보고 한자 '動'의 뜻에 어울리는 사람과 어울리지 않는 사람의 수를 각각 세어 뺄셈식을 쓰세요.

어울리는 사람 수	어울리지 않는 사람 수

● 뺄셈식

어울리는 사람 수	어울리지 않는 사람 수

5 다섯 고개 놀이를 하면서, 질문과 대답에 알맞은 한자어를 찾아 ∨표 하세요.

고개	질문	대답
☝	동물인가요?	아니요, 물건입니다.
✌	소리가 나나요?	예, 여러 가지 소리가 납니다.
🖖	숫자 판이 있나요?	예, 숫자 판이 있습니다.
🖐	소리를 들을 때만 사용하나요?	아니요, 소리를 주고받을 때 사용합니다.
🖐	어떤 글자로 시작하나요?	'전'으로 시작합니다.

☐ 前方　　　☐ 電話　　　☐ 前後

6 다음 글을 읽고, ㉠과 ㉡의 음(소리)을 쓰세요.

여름을 건강하게 보내기 위해서 해야 할 일을 알아봅시다.
첫째, 규칙적인 ㉠生活을/를 합니다.
둘째, 식사 시간을 지킵니다.
셋째, 찬 음식을 많이 먹지 않습니다.
넷째, 가벼운 운동과 같은 신체 ㉡活動을/를 합니다.
다섯째, 물을 충분히 마십니다.

(1) 生活 ➡ (　　　　　)　　　(2) 活動 ➡ (　　　　　)

코딩

7 선물에 당첨된 사람을 알리는 암호가 문자로 왔습니다. 암호를 풀고 선물 받을 사람을 찾아 ○표 하세요.

1	2	3	4
後	記	活	學
5	6	7	8
話	力	日	手

7 , 2 로 이루어진 한자어의 음(소리)을 문자로 받은 분께 선물을 드립니다!

 활력

 후학

 일기

 수화

창의 융합

8 다음 표를 보고 보기 에서 알맞은 한자를 골라 가장 많은 학생들이 가고 싶은 체험 학습 장소를 한자어로 쓰세요.

준기네 반 학생들이 가고 싶은 체험 학습 장소

장소	박물관	동물원	농장	과학관
학생 수	4명	7명	8명	5명

보기

物   動   農   學

답 [   ] 場

사물/상태 한자

❶ 工 장인 **공** ❷ 事 일 **사** ❸ 物 물건 **물** ❹ 車 수레 **거|차**

❺ 正 바를 **정** ❻ 直 곧을 **직** ❼ 全 온전 **전** ❽ 不 아닐 **불**

• 소재: 가죽
• 수납 공간: 많음.
• 특징: 가죽 장인[工]이 손으로 직접 만듦.
  오래 써도 온전[全]하게 형태가 유지됨.

점선 위로 겹쳐서 한자를 써 보세요.

연한 글씨 위로 겹쳐서 한자를 따라 써 보세요.

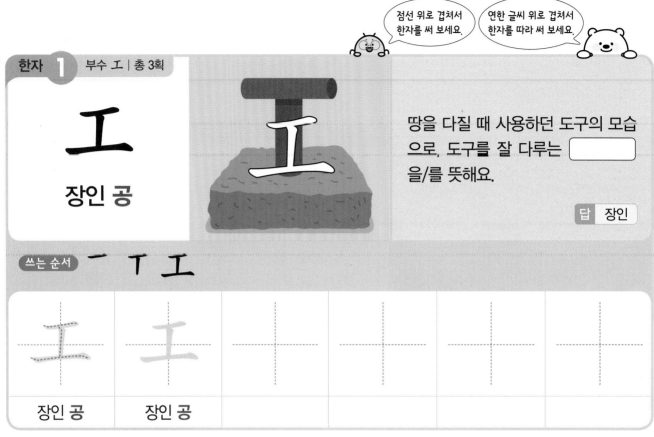

한자 1 부수 工 | 총 3획

工
장인 공

땅을 다질 때 사용하던 도구의 모습으로, 도구를 잘 다루는 [　　] 을/를 뜻해요.

답 장인

쓰는 순서 ㅡ ㅜ 工

工	工				
장인 공	장인 공				

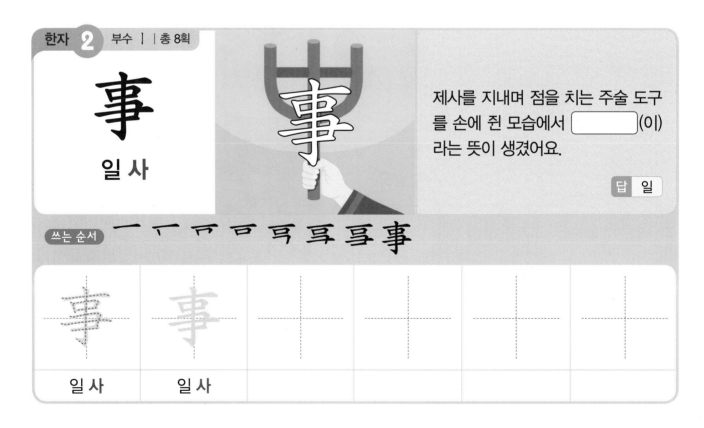

한자 2 부수 ㅣ | 총 8획

事
일 사

제사를 지내며 점을 치는 주술 도구를 손에 쥔 모습에서 [　　](이)라는 뜻이 생겼어요.

답 일

쓰는 순서 ㅡ ㄱ ㄲ ㅁ ㅋ ㅋ ㅌ 事

事	事				
일 사	일 사				

1 다음 그림에 어울리는 한자의 뜻과 음(소리)을 쓰세요.

● 뜻 ➡ (   )   ● 음(소리) ➡ (   )

2 한자 '事'의 뜻과 음(소리)에 해당하는 것을 찾아 각각 선으로 이으세요.

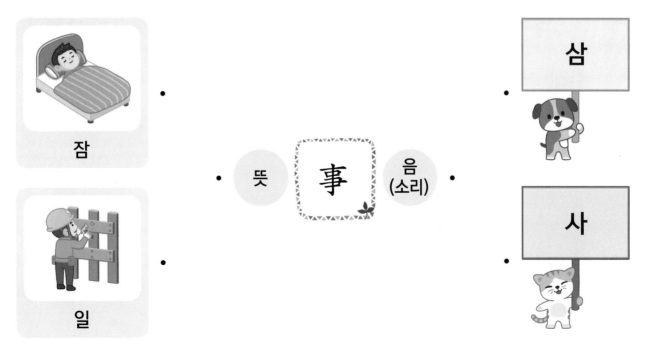

점선 위로 겹쳐서 한자를 써 보세요.

연한 글씨 위로 겹쳐서 한자를 따라 써 보세요.

한자 **3** 부수 牛(牜) | 총 8획

物
물건 물

제사 지낼 때 바치던 소를 나타낸 것으로, 후에 [   ]을/를 뜻하게 되었어요.

답 물건

쓰는 순서 ノ ㇆ ㇒ 牛 牛 牜 物 物 物

物
물건 물

物
물건 물

한자 **4** 부수 車 | 총 7획

車
수레 거 | 차

물건이나 사람을 싣고 다니던 수레를 그린 것으로, [   ]을/를 뜻해요.

답 수레

쓰는 순서 一 ㇂ ㇆ 冃 冃 車 車 車

車
수레 거 | 차

車
수레 거 | 차

3 다음 그림의 이름에 공통으로 쓰인 한자 '物'의 뜻을 쓰세요.

식物

선物 상자

동物 인형

• '物'의 뜻 ➡ (   )

4 다음 한자의 음(소리)으로 알맞은 것을 모두 찾아 ○표 하세요.

車

거

물

차

1 다음 한자의 뜻과 음(소리)으로 알맞은 것을 찾아 선으로 이으세요.

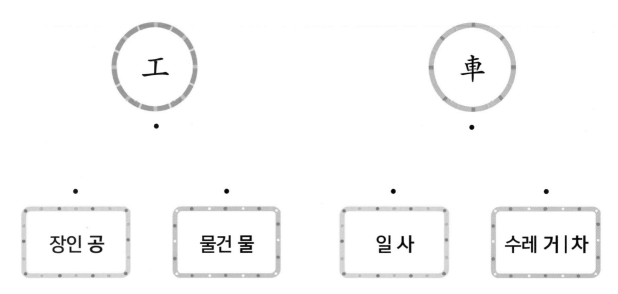

工

車

장인 공

물건 물

일 사

수레 거 | 차

2 다음 문장의 내용이 맞으면 '예', 틀리면 '아니요'에 ○표 하세요.

'事'의 뜻과 음(소리)은 '수레 거 | 차'입니다.

예   아니요

3 다음 한자의 음(소리)으로 알맞은 것을 찾아 선으로 이으세요.

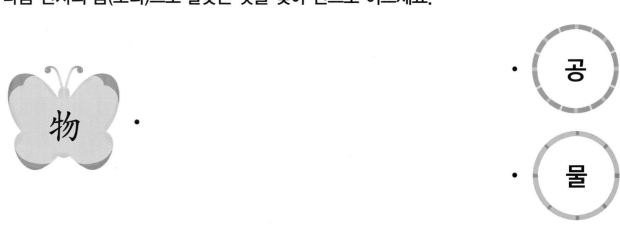

物

공

물

4 친구들이 들고 있는 한자의 뜻과 음(소리)을 보기 에서 찾아 그 번호를 쓰세요.

보기
① 물건 물　　　　② 일 사　　　　③ 수레 거|차

5 다음 밑줄 친 말에 해당하는 한자에 ○표 하세요.

횡단보도를 건널 때에는 <u>자전거</u>에서 내려 자전거를 끌고 길을 건너야 합니다.

事　　　　車

6 다음 한자 카드에 들어갈 한자로 알맞은 것에 ∨표 하세요.

일 사

☐ 物　　☐ 事

점선 위로 겹쳐서 한자를 써 보세요.

연한 글씨 위로 겹쳐서 한자를 따라 써 보세요.

한자 1 부수 止 | 총 5획

正
바를 정

정당한 명분이 있다면 전쟁을 일으키는 것이 옳다는 데서 [   ] (이)라는 뜻이 생겼어요.

답 바르다

쓰는 순서 一 丅 下 干 正

| 바를 정 | 바를 정 | | | | |

한자 2 부수 目 | 총 8획

直
곧을 직

한쪽으로 기울어지지 않고 똑바른 모습을 표현한 한자로, [   ] 을/를 뜻해요.

답 곧다

쓰는 순서 一 十 十 广 古 百 百 直

| 곧을 직 | 곧을 직 | | | | |

1 한자 '正'의 뜻에 어울리는 그림에 ○표 하세요.

正

2 한자 '直'의 뜻에 어울리는 실을 따라가 실뭉치에 ○표 하고, 알맞은 음(소리)을 쓰세요.

直

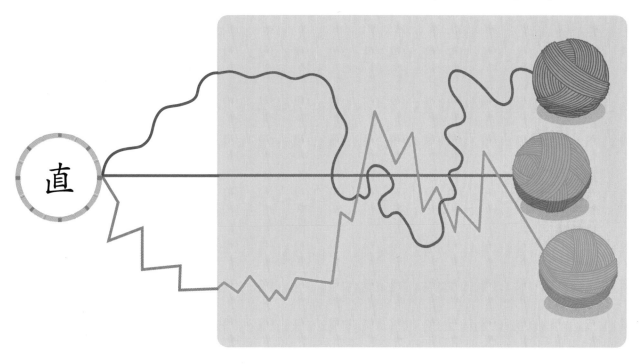

• '直'의 음(소리) ➡ ( )

점선 위로 겹쳐서 한자를 써 보세요.

연한 글씨 위로 겹쳐서 한자를 따라 써 보세요.

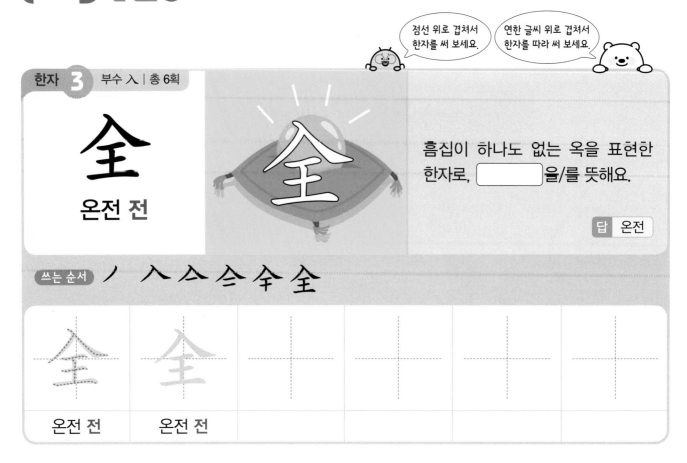

한자 ③ 부수 入 | 총 6획

全
온전 전

흠집이 하나도 없는 옥을 표현한 한자로, ☐☐을/를 뜻해요.

답 온전

쓰는 순서 ㅣ ㅅ ㅆ ㅅ 수 全

全	全				
온전 전	온전 전				

한자 ④ 부수 一 | 총 4획

不
아닐 불

씨앗이 아직 싹을 틔우지 못한 상태라는 데서 ☐☐을/를 뜻하게 되었어요.

답 아니다

쓰는 순서 ㅡ ㄱ ㄱ 不

不	不				
아닐 불	아닐 불				

3 한자 '全'의 뜻에 어울리는 과자의 번호를 찾아 ○표 하세요.

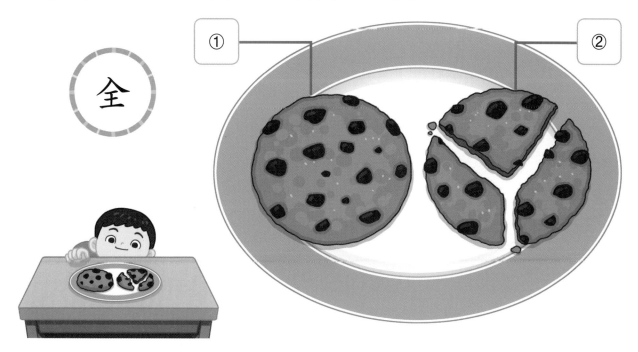

4 한자 '不'의 뜻과 음(소리)을 바르게 말한 친구에 ○표 하세요.

2주 02일 급수 한자 돌파 전략 ❷

1 다음 한자 카드에 들어갈 뜻과 음(소리)을 찾아 ○표 하세요.

뜻	음(소리)
바를	불
온전	전
아닐	정

2 다음 뜻과 음(소리)에 해당하는 한자를 찾아 ∨표 하세요.

온전 전

□ 全   □ 正   □ 不

3 사다리 타기 놀이를 해 보고, 한자의 뜻과 음(소리)이 바르게 이어진 한자에 ○표 하세요.

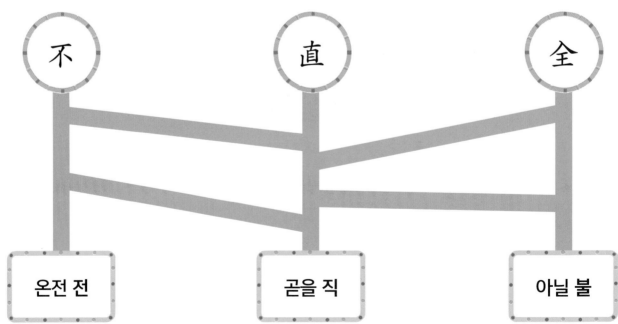

不   直   全

온전 전   곧을 직   아닐 불

▶정답 17쪽

4 다음 밑줄 친 말에 해당하는 한자를 찾아 ○표 하세요.

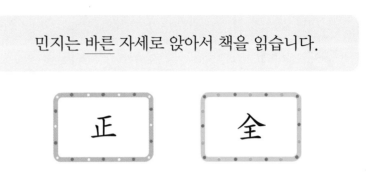

민지는 바른 자세로 앉아서 책을 읽습니다.

| 正 | 全 |

5 다음 한자 카드에 들어갈 한자로 알맞은 것에 ∨표 하세요.

곧을 직

☐ 正   ☐ 直

6 다음 밑줄 친 한자의 음(소리)으로 알맞은 것을 찾아 ○표 하세요.

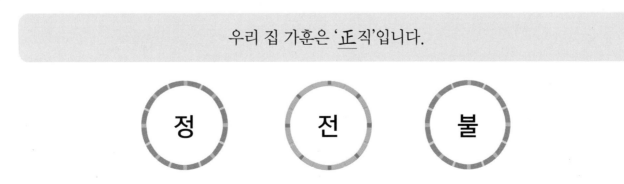

우리 집 가훈은 '正직'입니다.

정   전   불

대표 한자어 01

공사

工	事
장인 공	일 사

뜻 시설이나 건물 등을 새로 짓거나 고치는 일.

공장

工	場
장인 공	마당 장

뜻 물건을 만들어 내는 곳.

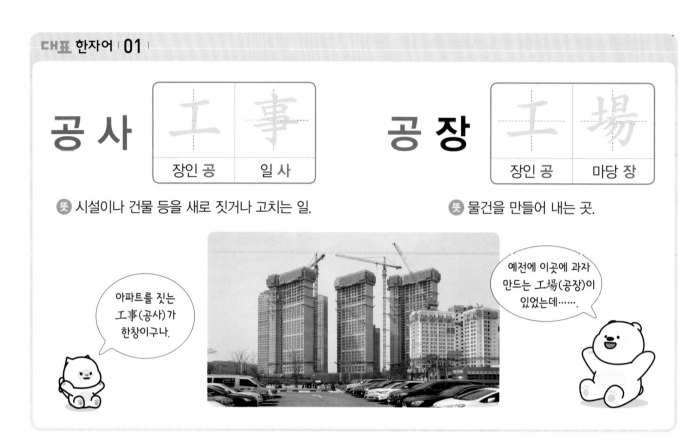

아파트를 짓는 工事(공사)가 한창이구나.

예전에 이곳에 과자 만드는 工場(공장)이 있었는데……

대표 한자어 02

차도

車	道
수레 거|차	길 도

뜻 자동차만 다니게 한 길. 찻길.

車道(차도) 양쪽에 꽃이 활짝 피어 있어.

대표 한자어 03

인력거

人	力	車
사람 인	힘 력	수레 거|차

뜻 사람이 끄는 수레. 주로 사람을 태움.

人力車(인력거)를 타고 시내를 구경하면 재미있겠다!

사 물

事	物
일 사	물건 물

뜻 일과 물건을 아울러 이르는 말.

동 물

動	物
움직일 동	물건 물

뜻 길짐승, 날짐승, 물짐승을 아울러 이르는 말.

항상 널 응원해!

뭘 그리고 있는 거지?

事物(사물) 캐릭터와 動物(동물) 캐릭터를 그리고 있어.

직 전

直	前
곧을 직	앞 전

뜻 어떤 일이 일어나기 바로 전.

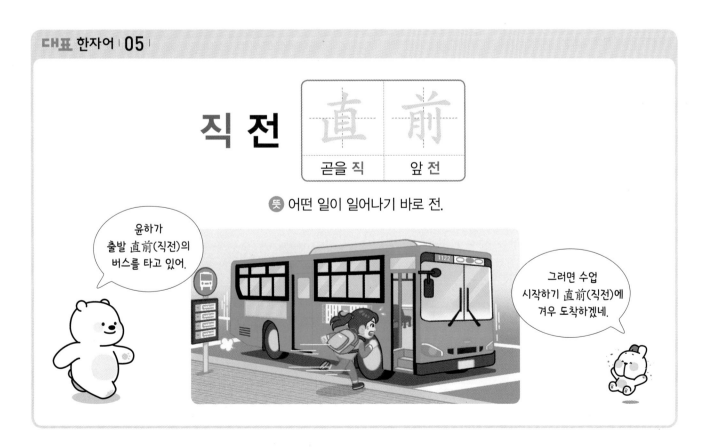

윤하가 출발 直前(직전)의 버스를 타고 있어.

그러면 수업 시작하기 直前(직전)에 겨우 도착하겠네.

대표 한자어 | 06 |

불안

不	安
아닐 불	편안 안

뜻 마음이 편하지 아니하고 조마조마함.

바람에 창문이 깨질까 봐 不安(불안)해.

대표 한자어 | 07 |

부정

不	正
아닐 불	바를 정

뜻 올바르지 아니하거나 옳지 못함.

시험 볼 때 남의 것을 베끼는 것은 不正(부정)한 행동이야.

참고 'ㅈ'이 'ㄷ', 'ㅈ'으로 시작하는 말 앞에 올 때는 '부'라고 읽어요.

대표 한자어 | 08 |

전력

全	力
온전 전	힘 력

뜻 모든 힘.

준서는 달리기 시합 때 全力(전력)을 다해 뛰어서 1등을 했어.

나는 한자 시험 준비에 全力(전력)을 다해 노력해서 자격증을 땄어.

항상 널 응원해!

전국

全	國
온전 전	나라 국

뜻 온 나라 전체.

오늘 일기예보에서 全國(전국)에 비 소식이 있다고 했어.

全國(전국) 방방곡곡에 비가 내리니 이제 곧 봄이 오겠네.

정직

正	直
바를 정	곧을 직

뜻 마음에 거짓이나 꾸밈이 없이 바르고 곧음.

정답

正	答
바를 정	대답 답

뜻 옳은 답.

잘못한 일이 있으면 正直(정직)하게 말해야지.

제가 실수로 깨뜨렸어요.

그 말이 正答(정답)이네!

2주 03일 급수 한자어 대표 전략 ❷

1 다음 문장의 내용이 맞으면 '예', 틀리면 '아니요'에 ○표 하세요.

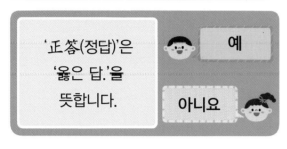

'正答(정답)'은 '옳은 답.'을 뜻합니다.

예

아니요

Tip
'正'은 (바르다, 아니다)를 뜻하는 한자입니다.
답 바르다

2 다음 뜻에 해당하는 한자어를 찾아 선으로 이으세요.

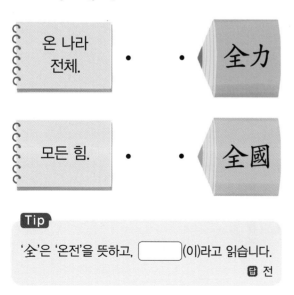

온 나라 전체. · · 全力

모든 힘. · · 全國

Tip
'全'은 '온전'을 뜻하고, ☐(이)라고 읽습니다.
답 전

3 다음 ◌에 들어갈 한자를 보기 에서 찾아 한자어를 완성하세요.

보기
工 車 正

◌事: 시설이나 건물 등을 새로 짓거나 고치는 일.

답 ☐ 事

Tip
'工'은 '장인'을 뜻하고, ☐(이)라고 읽습니다.
답 공

58 한자 전략

4 다음 뜻에 해당하는 한자어를 찾아 ○표 하세요.

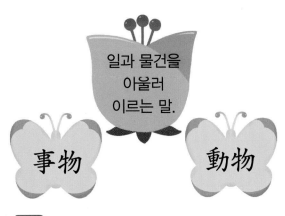

일과 물건을 아울러 이르는 말.

事物   動物

Tip

'事物'의 '事'는 '일'을 뜻하고, '物'은 [ ]을/를 뜻합니다.

🄰 물건

5 '直前(직전)'의 뜻을 바르게 설명한 것에 ○표 하세요.

모든 힘.   어떤 일이 일어나기 바로 전.

Tip

'直前'의 '直'은 [ ]을/를 뜻하고, '前'은 '앞'을 뜻합니다.

🄰 곧다

6 다음 낱말 퍼즐을 푸세요.

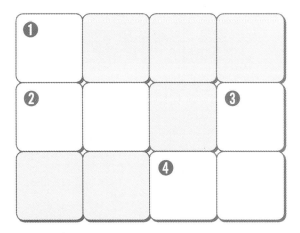

가로 열쇠

❷ 마음에 거짓이나 꾸밈이 없이 바르고 곧음.

❹ 일과 물건을 아울러 이르는 말.

세로 열쇠

❶ 올바르지 아니하거나 옳지 못함.

❸ 길짐승, 날짐승, 물짐승을 아울러 이르는 말.

Tip

'아니다'를 뜻하는 '不'은 'ㄷ', 'ㅈ'으로 시작하는 말 앞에서는 [ ](이)라고 읽습니다.

🄰 부

전략 1 한자어의 음(소리) 쓰기

다음 밑줄 친 漢字語한자어**의 音**(음: 소리)**을 쓰세요.**

> 보기
>
> 電話 → 전화

● 부모님과 함께 **人力車**를 타고 관광지를 돌아보았습니다. → (   )

답 인력거

필수 예제 | 01

다음 밑줄 친 漢字語한자어**의 音**(음: 소리)**을 쓰세요.**

> 보기
>
> 日記 → 일기

(1) **車道**를 건널 때는 횡단보도로 건너야 합니다. → (   )

(2) 약속 시간에 늦을까 봐 **不安**합니다. → (   )

> 문장 속에 쓰인
> 한자어가 각각 어떤 한자들로
> 이루어져 있는지 알아
> 두도록 합니다.

전략 2 한자의 뜻과 음(소리) 쓰기

다음 漢字한자의 訓(훈: 뜻)과 音(음: 소리)을 쓰세요.

보기

記 ➡ 기록할 **기**

● 物 ➡ (   )

답 | 물건 물

필수 예제 02

다음 漢字한자의 訓(훈: 뜻)과 音(음: 소리)을 쓰세요.

보기

答 ➡ 대답 **답**

(1) 直 ➡ (   )

(2) 全 ➡ (   )

한자의
뜻과 음(소리)은
반드시 함께 알아
두어야 합니다.

전략 **3** 제시된 한자어 찾기

다음 밑줄 친 漢字語한자어를 보기 에서 찾아 그 번호를 쓰세요.

보기
① 全國 　　② 全力 　　③ 全人 　　④ 安全

● 달리기 시합 때 <u>전력</u>을 다해 뛰어서 1등을 했습니다. ➡ (　　　　)

답 ②

필수 예제 03

다음 밑줄 친 漢字語한자어를 보기 에서 찾아 그 번호를 쓰세요.

보기
① 正午 　　② 正直 　　③ 不正 　　④ 不安

(1) 내가 좋아하는 만화 영화는 일요일 <u>정오</u>에 방송됩니다. ➡ (　　　　)

(2) 만화 영화에는 <u>부정</u>한 세력에 맞서 싸우는 슈퍼히어로가 등장합니다.
➡ (　　　　)

먼저 문장 속에 쓰인 낱말의 뜻을 생각해 보고, 그 뜻에 알맞은 한자어를 찾아봅시다.

전략 4　제시된 뜻에 맞는 한자어 찾기

다음 뜻에 맞는 漢字語한자어를 보기 에서 찾아 그 번호를 쓰세요.

보기

① 木工　　　② 工事　　　③ 手工　　　④ 工場

● 물건을 만들어 내는 곳. ➡ (　　　　　　)

답 ④

필수 예제 04

다음 뜻에 맞는 漢字語한자어를 보기 에서 찾아 그 번호를 쓰세요.

보기

① 生物　　　② 動物　　　③ 事物　　　④ 人物

(1) 일과 물건을 아울러 이르는 말. ➡ (　　　　　　)

(2) 길짐승, 날짐승, 물짐승을 아울러 이르는 말. ➡ (　　　　　　)

한자어의 뜻이
생각나지 않을 때는
한자의 뜻을 조합하여
문제를 풀어 봅시다.

[한자어의 음(소리) 쓰기]

1 다음 밑줄 친 漢字語한자어의 音(음: 소리)을 쓰세요.

아버지께서는 배추 農事를
지으십니다.

➡ (   )

[한자의 뜻과 음(소리) 쓰기]

2 다음 漢字한자의 訓(훈: 뜻)과 音(음: 소리)을 쓰세요.

> 보기
>
> 話 ➡ 말씀 화

• 物 ➡ (   )

[뜻과 음(소리)에 맞는 한자 찾기]

3 다음 訓(훈: 뜻)과 音(음: 소리)에 맞는 漢字한자를 보기 에서 찾아 그 번호를 쓰세요.

> 보기
>
> ① 車   ② 正   ③ 全   ④ 物

• 수레 거|차 ➡ (   )

[제시된 한자어 찾기]

4 다음 밑줄 친 漢字語한자어를 보기 에서 찾아 그 번호를 쓰세요.

Tip
'하차'는 '타고 있던 차에서 내리다.'라는 뜻입니다.

> 보기
>
> ① 車內　　② 下車　　③ 車道　　④ 電車

● 할머니 댁에 가려면 공원 앞에서 <u>하차</u>해야 합니다.

➡ (　　　　　　)

[뜻과 음(소리)에 맞는 한자 찾기]

5 다음 訓(훈: 뜻)과 音(음: 소리)에 맞는 漢字한자를 보기 에서 찾아 그 번호를 쓰세요.

Tip
'장인'은 '손으로 물건을 만드는 일을 직업으로 하는 사람.'을 뜻합니다.

> 보기
>
> ① 直　　② 車　　③ 工　　④ 不

● 장인 공 ➡ (　　　　　　)

[제시된 뜻에 맞는 한자어 찾기]

6 다음 뜻에 맞는 漢字語한자어를 보기 에서 찾아 그 번호를 쓰세요.

Tip
'前'은 '앞'을 뜻하고, '전'이라고 읽습니다.

> 보기
>
> ① 直前　　② 食事　　③ 安全　　④ 記事

● 어떤 일이 일어나기 바로 전. ➡ (　　　　　　)

01 다음 밑줄 친 말에 해당하는 한자로 알맞은 것을 찾아 ○표 하세요.

오늘은 전국적으로 비 소식이
있습니다.

全   電

02 다음 뜻과 음(소리)에 해당하는 한자를 보기 에서 찾아 그 번호를 쓰세요.

보기
① 事   ② 工   ③ 物

물건 물

→ (   )

03 다음 ☐ 안에 들어갈 한자를 보기 에서 찾아 그 번호를 쓰세요.

보기
① 場   ② 物   ③ 動

● 動☐ : 길짐승, 날짐승, 물짐승을
아울러 이르는 말.

→ (   )

04 다음 뜻과 음(소리)에 해당하는 한자를 찾아 ○표 하세요.

話

車

수레 거l차

05 다음 ◌에 공통으로 들어갈 한자를 찾아 ○표 하세요.

> • ◌安: 마음이 편하지 아니하고 조마조마함.
> • ◌正: 올바르지 아니하거나 옳지 못함.

06 다음 뜻에 해당하는 한자어를 보기 에서 찾아 그 번호를 쓰세요.

> 보기
> ① 正答 ② 事物 ③ 正直

• 마음에 거짓이나 꾸밈이 없이 바르고 곧음.

→ (   )

07 다음 한자의 뜻을 보기 에서 찾아 그 번호를 쓰세요.

> 보기
> ① 장인   ② 일   ③ 수레

• 事 → (   )

08 다음 밑줄 친 낱말에 해당하는 한자어를 보기 에서 찾아 그 번호를 쓰세요.

> 보기
> ① 車道 ② 直前 ③ 動物

• 출발 직전의 버스를 탔습니다.

→ (   )

버스에서 下車할 때 지킬 일

• 반드시 버스가 멈춘 뒤 자리에서 일어섭니다.
• 문이 열리면 한 명씩 차례대로 내립니다.
• 뛰거나 서두르지 말고 천천히 내립니다.

창의 융합

1 위 대화를 읽고, 하차할 때 지켜야 할 점으로 알맞은 것에 ○표 하세요.

(1) 한 명씩 천천히 내린다. (   )

(2) 버스가 멈추기 전에 일어선다. (   )

▶정답 18쪽

창의 융합

2 위 대화를 읽고, 직선은 어떤 선을 말하는지 쓰세요.

➡ (   )

2주 창의·융합·코딩 전략 ②

코딩

1 다음 조건 을 차례대로 따라가면 뽑게 되는 인형을 찾아 ◯표 하세요.

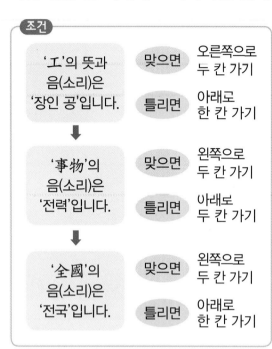

조건

'工'의 뜻과 음(소리)은 '장인 공'입니다. → 맞으면 오른쪽으로 두 칸 가기 / 틀리면 아래로 한 칸 가기

'事物'의 음(소리)은 '전력'입니다. → 맞으면 왼쪽으로 두 칸 가기 / 틀리면 아래로 두 칸 가기

'全國'의 음(소리)은 '전국'입니다. → 맞으면 왼쪽으로 두 칸 가기 / 틀리면 아래로 한 칸 가기

창의 융합

2 생활 계획표를 보고 연수가 계획한 일을 하는 데 걸리는 시간을 빈칸에 쓰세요.

연수의 생활 계획표

하는 일	걸리는 시간
아침 食事	1시간
미술 活動	3시간
점심 食事	
動物원 관람	
저녁 食事	

코딩

3 삼촌의 특징을 참고하여 질문에 맞는 답을 따라가며 예 또는 아니요 에 ○표를 하고, 삼촌의 직업을 찾아 쓰세요.

삼촌의 특징

• 삼촌은 공장에 다니십니다.　　　　　　• 삼촌은 자동차를 만드십니다.

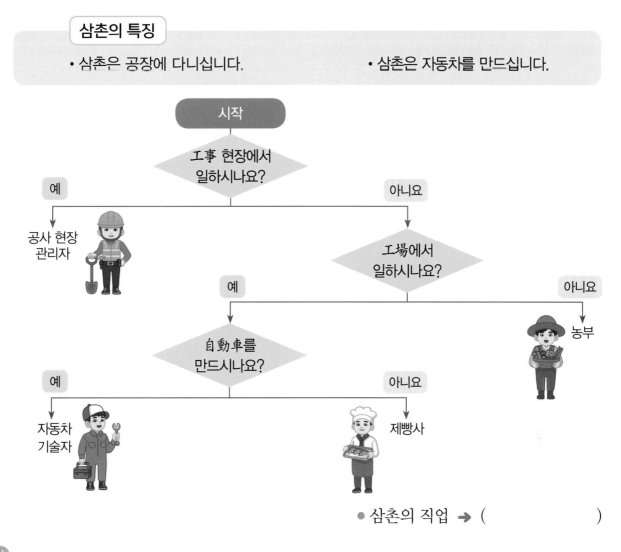

● 삼촌의 직업 ➡ (　　　　　　　　)

창의 융합

4 바른 자세로 책을 읽는 어린이를 찾아 ○표를 하고, '바르다'를 뜻하는 한자를 쓰세요.

답

2_주 창의·융합·코딩 전략 ❷

창의 융합

5 다음 글을 읽고 ㉠, ㉡과 관련 있는 한자어를 보기 에서 찾아 그 번호를 쓰세요.

평화롭던 ㉠동물 마을에 큰 소동이 벌어졌어요. 숲 한가운데에 넓은 ㉡찻길이 생긴 거예요. 그 바람에 마을 밖으로 나가는 길이 끊겨 버렸어요. 쌩쌩 달리는 자동차가 무서워서 찻길을 건널 수가 없었거든요. 무리하게 길을 건너려다가 크게 다치거나 죽는 동물들도 생겨났어요. 동물들은 모두 걱정이 커졌어요.

보기

① 車道   ② 事物   ③ 動物   ④ 下車

(1) ㉠에 해당하는 한자어 ➡ (   )

(2) ㉡을 뜻하는 한자어 ➡ (   )

창의 융합

6 다음은 자동차를 안전하게 이용하는 방법입니다. 밑줄 친 한자어의 음(소리)을 쓰세요.

車內에서는 장난 하지 않습니다.

자리에 앉아 安全띠를 맵니다.

下車를 할 때에는 주변을 살핍니다.

(1) 車內 ➡ (   )   (2) 安全 ➡ (   )   (3) 下車 ➡ (   )

7 다음 조건 에 알맞게 꽃을 골라서 만든 꽃다발에 ○표 하세요.

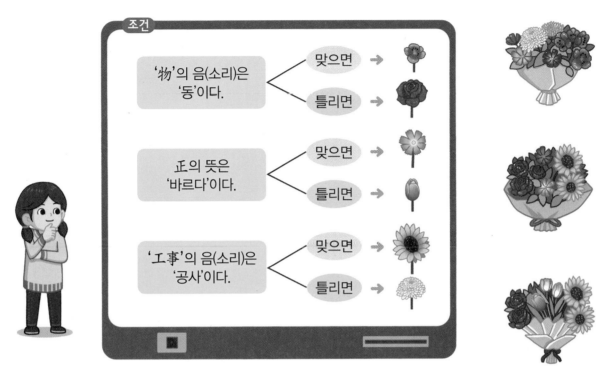

8 다음은 우리 주변에서 찾아볼 수 있는 여러 가지 읽을거리입니다. 한자어의 음(소리)을 쓰세요.

🐻 만화를 보고, 지금까지 배운 한자를 기억해 보세요.

1주 | 활동 한자

活 動 農 教 話 記 答 學

2주 | 사물/상태 한자

工 事 物 車 正 直 全 不

활동 한자

1 주은이가 자신의 꿈을 발표하고 있습니다. 글을 읽고 물음에 답하세요.

나의 꿈

제 꿈은 아이들을 ㉠가르치는 것입니다. 재미있게 놀면서 ㉡배울 수 있는 공부 방법을 연구해서 좋은 선생님이 되고 싶습니다.

❶ ㉠과 ㉡의 뜻을 가진 한자를 찾아 선으로 이으세요.

❷ 그림 속 두 사람의 모습을 보고 상대 또는 반대되는 한자를 빈칸에 쓰세요.

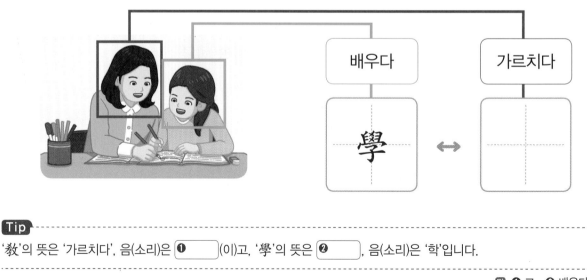

배우다 ⟶ 學 ↔ 가르치다

Tip
'敎'의 뜻은 '가르치다', 음(소리)은 ❶ ☐ (이)고, '學'의 뜻은 ❷ ☐ , 음(소리)은 '학'입니다.

답 ❶ 교 ❷ 배우다

사물/상태 한자

2 공사장 앞에 있는 안내문입니다. 글을 읽고 물음에 답하세요.

> ### ㉠工事 중 통행금지
>
> 위험한 ☐ 건을 실은 차가 자주 지나다니니
> ㉡車道로 통행하지 않도록 주의해 주십시오.
> 통행에 불편을 드려 죄송합니다.

❶ ㉠과 ㉡에 해당하는 한자어의 음(소리)을 쓰세요.

- 工事 ➡ (   )
- 車道 ➡ (   )

❷ 위의 ☐ 안에 들어갈 한자로 알맞은 것을 보기 에서 찾아 쓰세요.

보기

物   記

답

Tip
'工'은 '장인 공', '事'는 ❶ ☐ , '物'은 ❷ ☐ , ❸ ☐ 은/는 '수레 거' 또는 '수레 차'입니다.

답 ❶ 일 사 ❷ 물건 물 ❸ 車

2단계 B 후편 **77**

활동 한자, 사물/상태 한자

3 상자를 열려면 한자어 퍼즐을 맞춰야 합니다. 글과 그림을 보고 물음에 답하세요.

❶ ㉠의 뜻에 해당하는 한자를 보기 에서 찾아 쓰세요.

보기
正   全

답

❷ ㉡과 ㉢에 들어갈 한자로 알맞은 것을 찾아 선으로 이으세요.

事

動

Tip
'事'의 뜻과 음(소리)은 ❶[   ](이)고, '動'의 뜻과 음(소리)은 ❷[   ]입니다.

▶정답 19쪽

활동 한자, 사물/상태 한자

4 운동복을 광고하는 글입니다. 글을 읽고 물음에 답하세요.

마기버 운동복

솔솔~ 공기는 잘 통하고!

뽀송~ 땀도 잘 마르고!

늘었다 줄었다 신축성도 좋아서

㉠活動하기 아주 편리해요!

편하게 막 입을 수 있는 마기버 운동복!

● 저희 회사는 좋은 소재로 ㉡正直하게 ㉢物건을 만듭니다.

❶ ㉠과 ㉡에 해당하는 한자어의 음(소리)을 쓰세요.

• 活動 ➡ (   )

• 正直 ➡ (   )

❷ ㉢의 한자가 들어가지 않는 낱말에 ∨표 하세요.

☐ 사물   ☐ 동물   ☐ 나물

Tip

☐에 해당하는 한자어는 '事物'이고, '동물'에 해당하는 한자어는 '動物'입니다. 그리고 '나물'의 '물'은 한자가 아닙니다.

답 사물

[문제 01~02] 다음 밑줄 친 漢字語한자어의 音(음: 소리)을 쓰세요.

보기

空間 ➜ 공간

　지난 주말에 가족들과 함께 캠핑을 갔습니다. 야외 01 <u>活動</u>을 하기엔 너무 더웠지만, 강에서 물놀이를 하니 시원했습니다. 집에 돌아오는 길에 사과 02 <u>農場</u>에 들러서 즐거운 시간을 보냈습니다.

01 活動 ➜ (　　　　　　)

02 農場 ➜ (　　　　　　)

[문제 03~04] 다음 漢字한자의 訓(훈: 뜻)과 音(음: 소리)을 쓰세요.

보기

道 ➜ 길 도

03 動 ➜ (　　　　　　)

04 活 ➜ (　　　　　　)

[문제 05~06] 다음 訓(훈: 뜻)과 音(음: 소리)에 알맞은 漢字한자를 보기 에서 찾아 그 번호를 쓰세요.

보기

① 敎   ② 記

05

기록할 기

06

가르칠 교

[문제 07~08] 다음 밑줄 친 漢字語한자어를 보기 에서 찾아 그 번호를 쓰세요.

보기

① 活動   ② 日記

07 저는 1학년 때부터 매일 꾸준히 일기를 써 왔습니다. ➡ (   )

08 아이들이 운동장에서 체육 활동을 하고 있습니다. ➡ (   )

[문제 09~10] 다음 뜻에 맞는 漢字語한자어를 보기 에서 찾아 그 번호를 쓰세요.

보기
① 教學　　② 活動

09 가르치고 배움.
→ (　　　　　)

10 몸을 움직여 행동함.
→ (　　　　　)

[문제 11~12] 다음 漢字한자의 상대 또는 반대되는 漢字한자를 보기 에서 찾아 그 번호를 쓰세요.

보기
① 左　　　　② 學

11 教 ↔ (　　　　　)

12 右 ↔ (　　　　　)

[문제 13~14] 다음 訓(훈: 뜻)과 音(음: 소리)에 알맞은 漢字한자를 보기에서 찾아 그 번호를 쓰세요.

보기

① 農   ② 活

13 살 활 ➜ (   )

14 농사 농 ➜ (   )

[문제 15~16] 다음 漢字한자의 진하게 표시된 획은 몇 번째 쓰는지 보기에서 찾아 그 번호를 쓰세요.

보기

① 여섯 번째   ② 일곱 번째
③ 여덟 번째   ④ 아홉 번째

15  活 (   )

16 話 (   )

[문제 01~02] 다음 밑줄 친 漢字語한자어의 音(음: 소리)을 쓰세요.

> 보기
>
> 活動 ➡ 활동

01<u>工事</u> 현장에서 불이 났습니다. 건물이 온통 연기로 뒤덮였습니다. 다행히 소방차가 빨리 도착했습니다. 소방관들이 02<u>全力</u>을 다해 금방 불을 껐습니다.

01 工事 ➡ (   )

02 全力 ➡ (   )

[문제 03~04] 다음 漢字한자의 訓(훈: 뜻)과 音(음: 소리)을 쓰세요.

> 보기
>
> 中 ➡ 가운데 중

03 正 ➡ (   )

04 不 ➡ (   )

[문제 05~06] 다음 訓(훈: 뜻)과 音(음: 소리)에 알맞은 漢字한자를 보기 에서 찾아 그 번호를 쓰세요.

보기
① 物   ② 事

05

일 사

06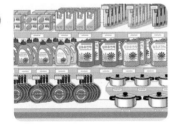

물건 물

[문제 07~08] 다음 밑줄 친 漢字語한자어를 보기 에서 찾아 그 번호를 쓰세요.

보기
① 事物   ② 車道

07 <u>차도</u>가 자동차로 꽉 막혀 있습니다.
→ (   )

08 이 책은 아이들이 <u>사물</u>의 모양을 익히는 데 도움이 되는 그림책입니다.
→ (   )

[문제 09~10] 다음 뜻에 맞는 漢字語한자어를 보기 에서 찾아 그 번호를 쓰세요.

> 보기
> ① 工事　　② 正答

09 옳은 답. → (　　　　　　)

10 시설이나 건물 등을 새로 짓거나 고치는 일. → (　　　　　　)

[문제 11~12] 다음 漢字한자의 상대 또는 반대되는 漢字한자를 보기 에서 찾아 그 번호를 쓰세요.

> 보기
> ① 北　　② 兄

11 南 ↔ (　　　　　　)

12 弟 ↔ (　　　　　　)

▶정답 20쪽

[문제 13~14] 다음 訓(훈: 뜻)과 音(음: 소리)에 알맞은 漢字한자를 [보기]에서 찾아 그 번호를 쓰세요.

> **보기**
> ① 全   ② 直

13 곧을 직 ➔ (   )

14 온전 전 ➔ (   )

[문제 15~16] 다음 漢字한자의 진하게 표시된 획은 몇 번째 쓰는지 [보기]에서 찾아 그 번호를 쓰세요.

> **보기**
> ① 네 번째   ② 여섯 번째
> ③ 여덟 번째   ④ 열 번째

15

(   )

16

全 (   )

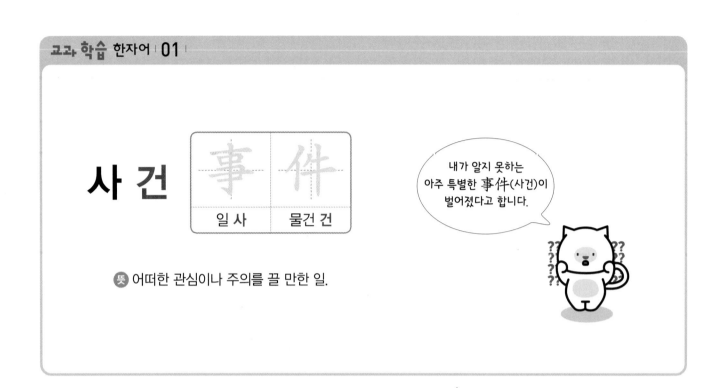

교과 학습 한자어 01

사 건

事	件
일 사	물건 건

뜻 어떠한 관심이나 주의를 끌 만한 일.

내가 알지 못하는 아주 특별한 事件(사건)이 벌어졌다고 합니다.

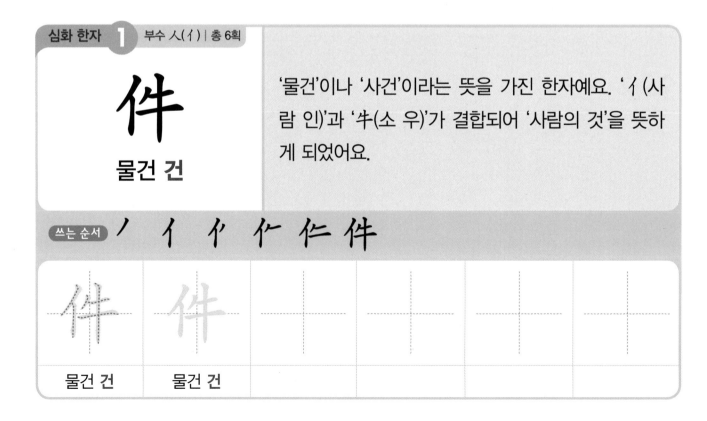

심화 한자 1 부수 人(亻) | 총 6획

件

물건 건

'물건'이나 '사건'이라는 뜻을 가진 한자예요. '亻(사람 인)'과 '牛(소 우)'가 결합되어 '사람의 것'을 뜻하게 되었어요.

쓰는 순서 ノ 亻 仁 仁 仁 件

件	件				
물건 건	물건 건				

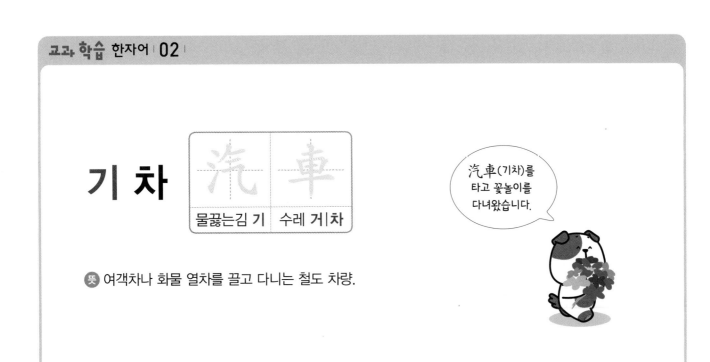

기 차

汽	車
물끓는김 기	수레 거|차

🔵 여객차나 화물 열차를 끌고 다니는 철도 차량.

汽車(기차)를
타고 꽃놀이를
다녀왔습니다.

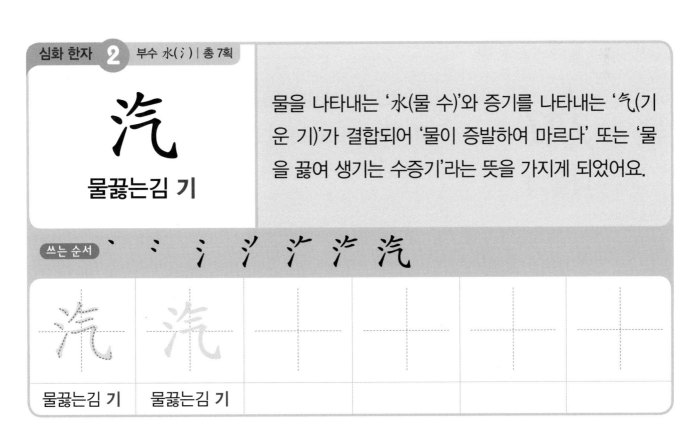

심화 한자 ❷ 부수 水(氵) | 총 7획

汽
물끓는김 기

물을 나타내는 '水(물 수)'와 증기를 나타내는 '气(기운 기)'가 결합되어 '물이 증발하여 마르다' 또는 '물을 끓여 생기는 수증기'라는 뜻을 가지게 되었어요.

쓰는 순서 ` ´ ⺀ 氵 氵 汽 汽 汽

汽	汽				
물끓는김 기	물끓는김 기				

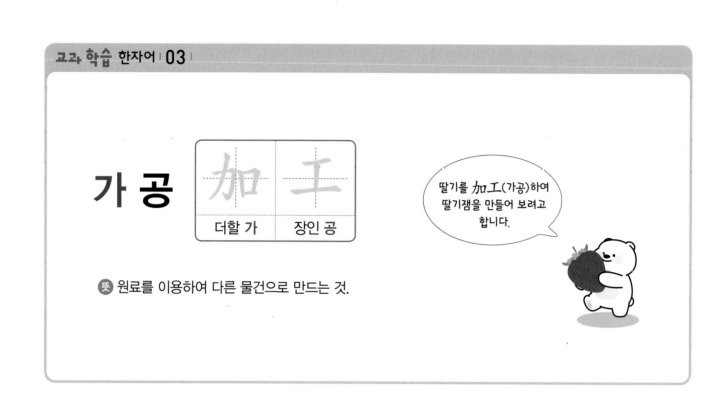

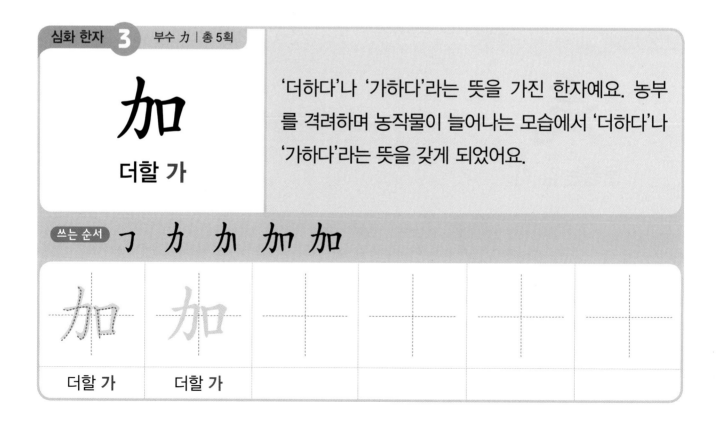

▶정답 20쪽

1 다음 한자어 판에서 설명 에 해당하는 한자어를 찾아 ○표 하세요.

> 설명
>
> 어떠한 관심이나 주의를 끌 만한 일.

2 다음 문장의 내용이 맞으면 '예', 틀리면 '아니요'에 ○표 하세요.

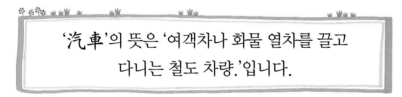

'汽車'의 뜻은 '여객차나 화물 열차를 끌고 다니는 철도 차량.'입니다.

예   아니요

3 다음 뜻에 해당하는 한자어를 찾아 선으로 이으세요.

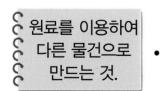

원료를 이용하여 다른 물건으로 만드는 것.

加工

工場

한자

한자어

한자 전략 2단계 B 사진 출처

게티 이미지 뱅크

[전편]

74쪽 인덱스 스티커

셔터스톡

[후편]

38쪽 운동(Iconic Bestiary)

* ( ) 안의 표기는 저작권자명임.

** 출처 표시를 안 한 사진 및 삽화 등은 발행사에서 저작권을 가지고 있는 경우임.

메모

메모

기초 학습능력 강화 교재

연산이 즐거워지는 공부습관

똑똑한 하루
빅터연산

기초부터 튼튼하게

수학의 기초는 연산!
빅터가 쉽고 재미있게 알려주는 연산 원리와
집중 연산을 통해 연산 해결 능력 강화

게임보다 재미있다

지루하고 힘든 연산은 NO!
수수께끼, 연상퀴즈, 실생활 문제로
쉽고 재미있는 연산 YES!

더! 풍부한 학습량

수·연산 문제를 충분히 담은 풍부한 학습량
교재 표지의 QR을 통해 모바일 학습 제공
교과와 연계되어 학기용 교재로도 OK

초등 연산의 빅데이터!
기초 탄탄 연산서
예비초~초2(각 A~D)
초3~6(각 A~B)

뭘 좋아할지 몰라 다 준비했어♥
전과목 교재

전과목 시리즈 교재

●무등생 해법시리즈

– 국어/수학	1~6학년, 학기용
– 사회/과학	3~6학년, 학기용
– 봄·여름/가을·겨울	1~2학년, 학기용
– SET(전과목/국수, 국사과)	1~6학년, 학기용

●똑똑한 하루 시리즈

– 똑똑한 하루 독해	예비초~6학년, 총 14권
– 똑똑한 하루 글쓰기	예비초~6학년, 총 14권
– 똑똑한 하루 어휘	예비초~6학년, 총 14권
– 똑똑한 하루 한자	예비초~6학년, 총 14권
– 똑똑한 하루 수학	1~6학년, 학기용
– 똑똑한 하루 계산	예비초~6학년, 총 14권
– 똑똑한 하루 도형	예비초~6학년, 총 8권
– 똑똑한 하루 사고력	1~6학년, 학기용
– 똑똑한 하루 사회/과학	3~6학년, 학기용
– 똑똑한 하루 봄/여름/가을/겨울	1~2학년, 총 8권
– 똑똑한 하루 안전	1~2학년, 총 2권
– 똑똑한 하루 Voca	3~6학년, 학기용
– 똑똑한 하루 Reading	초3~초6, 학기용
– 똑똑한 하루 Grammar	초3~초6, 학기용
– 똑똑한 하루 Phonics	예비초~초등, 총 8권

●독해가 힘이다 시리즈

– 초등 문해력 독해가 힘이다 비문학편	3~6학년
– 초등 수학도 독해가 힘이다	1~6학년, 학기용
– 초등 문해력 독해가 힘이다 문장제수학편	1~6학년, 총 12권

영어 교재

●초등영어 교과서 시리즈

파닉스(1~4단계)	3~6학년, 학년용
영단어(1~4단계)	3~6학년, 학년용

●LOOK BOOK 영단어	3~6학년, 단행본
●원서 읽는 LOOK BOOK 영단어	3~6학년, 단행본

국가수준 시험 대비 교재

●해법 기초학력 진단평가 문제집	2~6학년·중1 신입생, 총 6권

급수 한자 필수 학습!
탄탄하게 다져두자!

한자
전략

급수 한자

2단계 B

7급Ⅱ ②

정답과 부록

천재교육

모르는 문제는
확실하게
알고 가자!

정답과
부록

2단계 7급 II ②

정답

급수 한자 돌파 전략 ❶ 한자 기초 확인   11, 13쪽

1 이 한자는 '네모' 또는 '방향'을 뜻하는 글자야. / 이 한자의 음(소리)은 '상'이야. / 方

2 10층에 올라가려면 어느 것을 눌러야 할까? / 7층 / 上 下

3 만화 한자책은 책상의 아래에 놓여 있습니다. / 上 ⟨下⟩

4 어? 가운데 단추가 떨어졌네! / 上 · 中 · 下

급수 한자 돌파 전략 ❷   14~15쪽

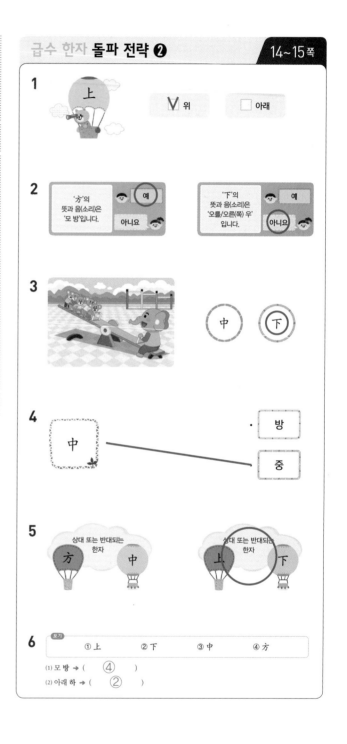

1 上 / ☑ 위   ☐ 아래

2 '方'의 뜻과 음(소리)은 '모 방'입니다. → 예 / '下'의 뜻과 음(소리)은 '오른/오른(쪽) 우'입니다. → 아니요

3 中 ⟨下⟩

4 中 ——— 중 ·방

5 상대 또는 반대되는 한자 方 中 / 상대 또는 반대되는 한자 ⟨上 下⟩

6 보기   ①上   ②下   ③中   ④方
(1) 모 방 ➡ (④)
(2) 아래 하 ➡ (②)

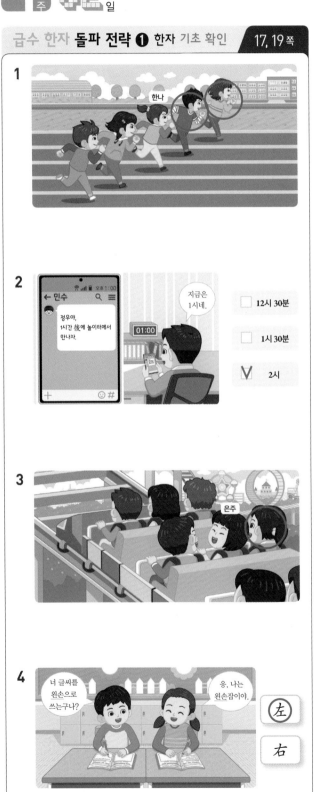

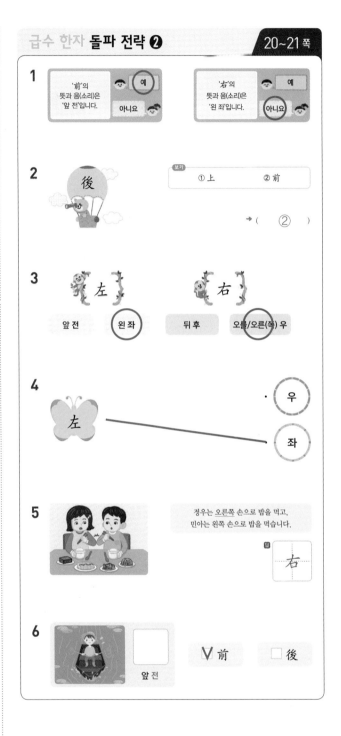

정답

급수 한자어 대표 전략 ❷
26~27쪽

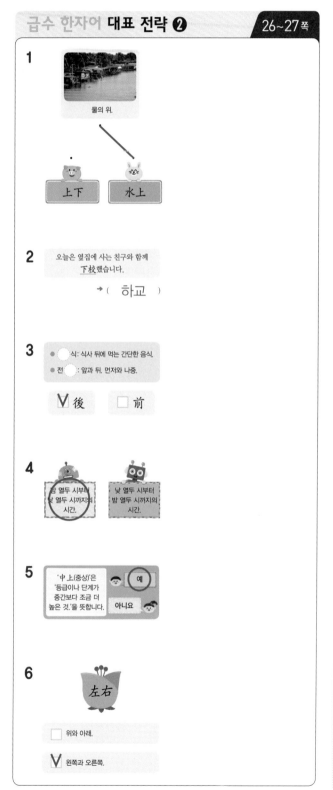

1

물의 위.

上下   水上

2

오늘은 옆집에 사는 친구와 함께
下校했습니다.

→ (하교)

3

● ◯식: 식사 뒤에 먹는 간단한 음식.

● 전◯ : 앞과 뒤. 먼저와 나중.

☑ 後   ☐ 前

4

밤 열두 시부터
낮 열두 시까지의
시간.

낮 열두 시부터
밤 열두 시까지의
시간.

5

'中上(중상)'은
'등급이나 단계가
중간보다 조금 더
높은 것.'을 뜻합니다.

예

아니요

6

左右

☐ 위와 아래.

☑ 왼쪽과 오른쪽.

급수 시험 체크 전략 ❶
28~31쪽

필수 예제 01

(1) 전방

(2) 좌우

필수 예제 02

(1) 오를/오른(쪽) 우

(2) 가운데 중

필수 예제 03

(1) ③

(2) ②

필수 예제 04

(1) ①

(2) ③

급수 시험 체크 전략 ❷
32~33쪽

1 전방

2 모 방

3 ③

4 ②

5 ①

6 ④

4 한자 전략

누구나 **만점 전략**

01 '前'의 뜻과 음(소리)은 '앞 전'입니다.

　　　　예　　아니요

02 ③

03 ②

04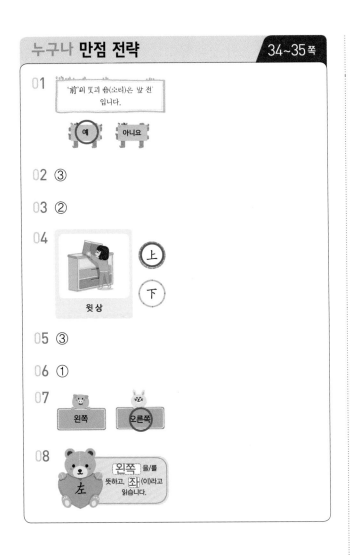
　　上
　　下
윗 상

05 ③

06 ①

07 왼쪽　　**오른쪽**

08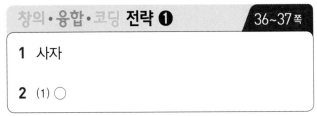
왼쪽 을/를 뜻하고, 좌 (이)라고 읽습니다.
左

창의·융합·코딩 **전략 ❶**

1 사자

2 (1) ○

창의·융합·코딩 **전략 ❷**

1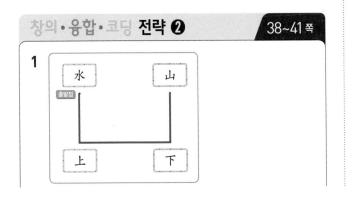
水　　　　山
출발점
上　　　　下

2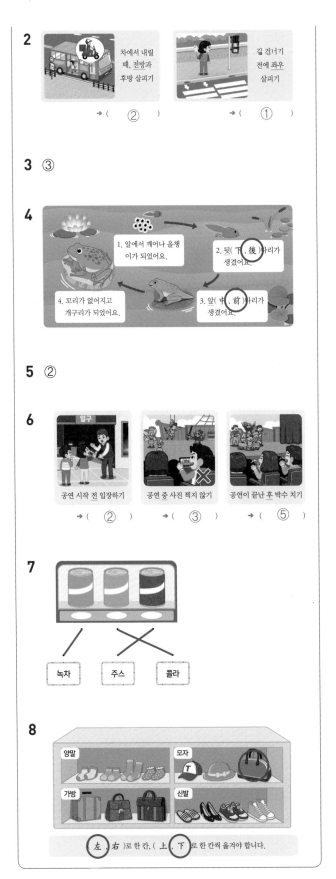

차에서 내릴 때, 전방과 후방 살피기
→ (②)

길 건너기 전에 좌우 살피기
→ (①)

3 ③

4
1. 알에서 깨어나 올챙이가 되었어요.
2. 뒷(下 , **後**)다리가 생겼어요.
4. 꼬리가 없어지고 개구리가 되었어요.
3. 앞(中 , **前**)다리가 생겼어요.

5 ②

6
공연 시작 전 입장하기
→ (②)

공연 중 사진 찍지 않기
→ (③)

공연이 끝난 후 박수 치기
→ (⑤)

7
녹차　　주스　　콜라

8
양말　　　모자
가방　　　신발
(左 , **右**)로 한 칸, (上 , **下**)로 한 칸씩 옮겨야 합니다.

정답

2주 04일

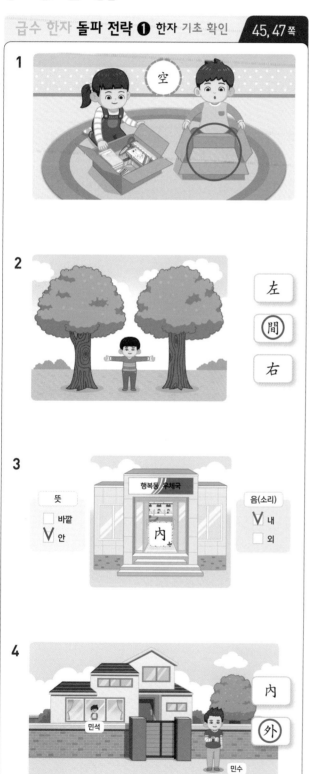

급수 한자 **돌파 전략 ❶** 한자 기초 확인   45, 47쪽

1

2

左
間
右

3

뜻
□ 바깥
V 안

음(소리)
V 내
□ 외

4

内
外

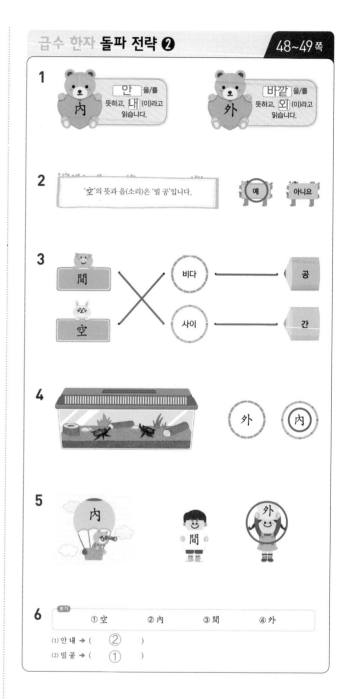

급수 한자 **돌파 전략 ❷**   48~49쪽

1

内 [안]을/를 뜻하고, [내](이)라고 읽습니다.

外 [바깥]을/를 뜻하고, [외](이)라고 읽습니다.

2

'空'의 뜻과 음(소리)은 '빌 공'입니다.

예   아니요

3

間 ✕ 비다 ─ 공
空   사이 ─ 간

4

外   (内)

5

内   間   外

6

보기   ① 空   ② 內   ③ 間   ④ 外

(1) 안 내 ➡ (②)
(2) 빌 공 ➡ (①)

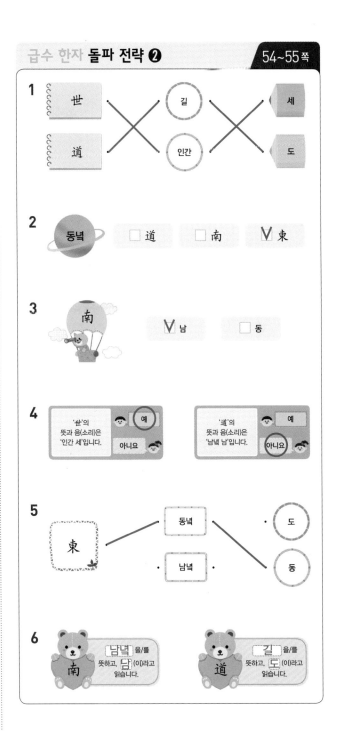

정답

급수 한자어 대표 전략 ❷

60~61 쪽

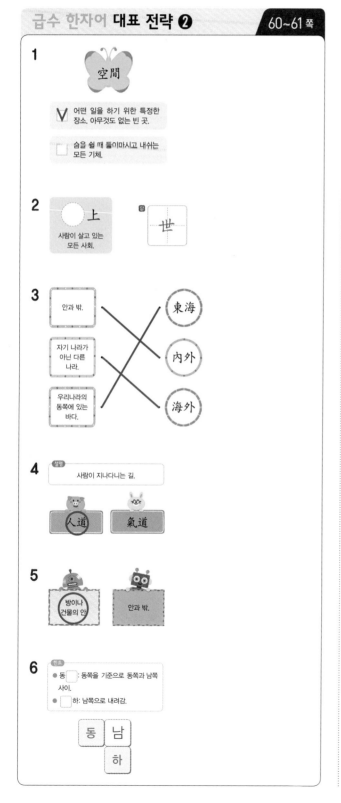

1

空間

☑ 어떤 일을 하기 위한 특정한 장소. 아무것도 없는 빈 곳.

☐ 숨을 쉴 때 들이마시고 내쉬는 모든 기체.

2 ◯ 上   세
사람이 살고 있는 모든 사회.

3
안과 밖. ─── 內外
자기 나라가 아닌 다른 나라. ─── 東海
우리나라의 동쪽에 있는 바다. ─── 海外

4 사람이 지나다니는 길.
人道   氣道

5 방이나 건물의 안.   안과 밖.

6
● 동◯: 동쪽을 기준으로 동쪽과 남쪽 사이.
● ◯하: 남쪽으로 내려감.

동 남
하

급수 시험 체크 전략 ❶

62~65 쪽

필수 예제 01
(1) 외식 (2) 시내

필수 예제 02
(1) 안 내 (2) 동녘 동

필수 예제 03
(1) ① (2) ④

필수 예제 04
(1) ③ (2) ①

급수 시험 체크 전략 ❷

66~67 쪽

1 공간

2 길 도

3 ④

4 ②

5 ②

6 ②

8   한자 전략

누구나 만점 전략 68~69쪽

01 ②

02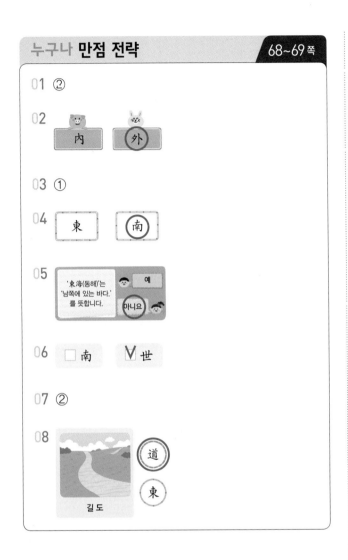
内 外

03 ①

04 東 南

05 '東海(동해)'는 '남쪽에 있는 바다.'를 뜻합니다. 예 / 아니요

06 □ 南 V 世

07 ②

08
道 / 東
길 도

창의·융합·코딩 전략 ❶ 70~71쪽

1 무지개

2 (2) ○

창의·융합·코딩 전략 ❷ 72~75쪽

1
출발
後 間
南 世 方
東 道 外 → (외)

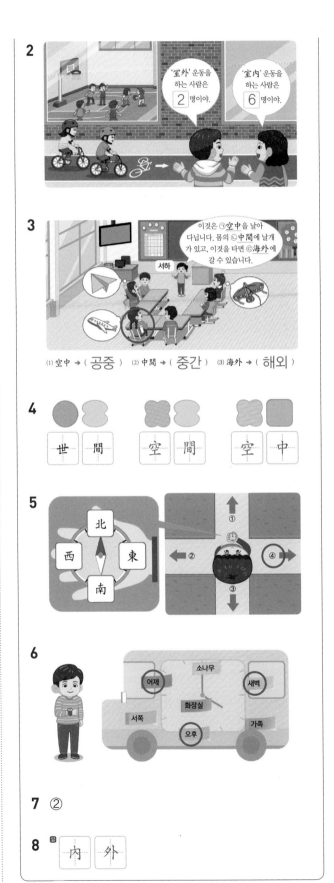

2 '室外' 운동을 하는 사람은 2 명이야. '室內' 운동을 하는 사람은 6 명이야.

3 이것은 ㉠空中을 날아다닙니다. 몸의 ㉡中間에 날개가 있고, 이것을 타면 ㉢海外에 갈 수 있습니다. 서하

(1) 空中 → (공중) (2) 中間 → (중간) (3) 海外 → (해외)

4 世 間 空 間 空 中

5 北 西 東 南 / ① ② ③ ④

6 어제 / 소나무 / 새벽 / 서쪽 / 화장실 / 오후 / 가족

7 ②

8 内 外

신유형·신경향·서술형 전략 78~81쪽

1 ❶ •右 →(우)   •中間 →(중간)

❷
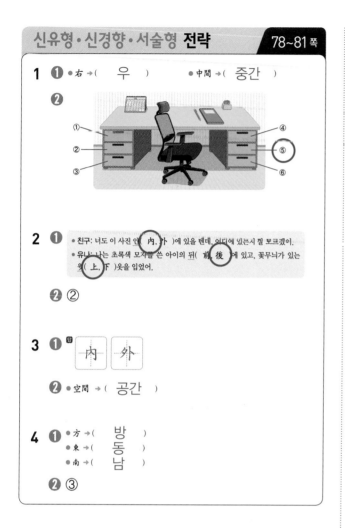

2 ❶ • 친구: 너도 이 사진 안(內, 外)에 있을 텐데, 어디에 있는지 잘 모르겠어.
• 유나: 나는 초록색 모자를 쓴 아이의 뒤(前, 後)에 있고, 꽃무늬가 있는 윗(上, 下)옷을 입었어.

❷ ②

3 ❶ 內 外

❷ •空間 →(공간)

4 ❶ •方 →(방)
•東 →(동)
•南 →(남)

❷ ③

적중 예상 전략 1회 82~85쪽

01 상중하   02 좌우

03 앞 전   04 가운데 중

05 ①   06 ②

07 ②   08 ①

09 ②   10 ①

11 ②   12 ①

13 ②   14 ①

15 ④   16 ①

적중 예상 전략 2회 86~89쪽

01 공간   02 동남

03 길 도   04 바깥 외

05 ①   06 ②

07 ②   08 ①

09 ②   10 ①

11 ②   12 ①

13 ②   14 ①

15 ③   16 ④

교과 학습 한자어 **전략**　93쪽

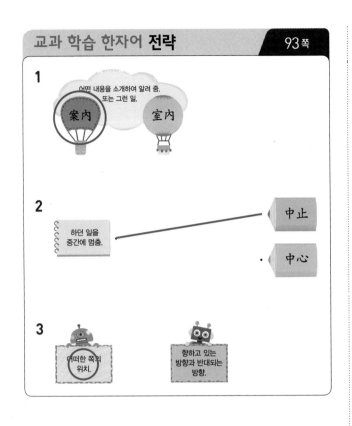

1
어떤 내용을 소개하여 알려 줌.
또는 그런 일.

案內　室內

2
하던 일을
중간에 멈춤.

中止

中心

3
어떠한 쪽의
위치.

향하고 있는
방향과 반대되는
방향.

급수 한자 **돌파 전략 ❶** 한자 기초 확인　9, 11쪽

1
출발　活　動　動　活　動　活

2
건전지를 넣으면 자동차가 움직일 거야.

活　動　東

3
보기
農　空　敎

●뜻 → (농사)　　●음(소리) → (농)

4
배울 학
학교 교
가르칠 교
敎　敎　敎

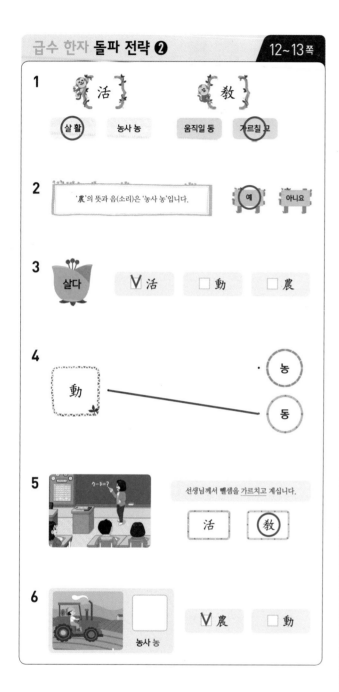

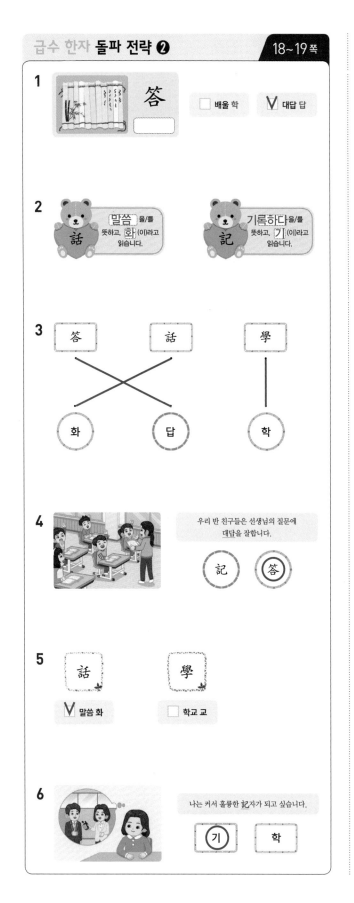

급수 한자 돌파 전략 ❷　　18~19쪽

1
答　　☐ 배울 학　　☑ 대답 답

2
話　말씀 을/를 뜻하고, 화 (이)라고 읽습니다.
記　기록하다 을/를 뜻하고, 기 (이)라고 읽습니다.

3
答　話　學
화　답　학

4
우리 반 친구들은 선생님의 질문에 대답을 잘합니다.
記　(答)

5
話　　學
☑ 말씀 화　　☐ 학교 교

6
나는 커서 훌륭한 記자가 되고 싶습니다.
(기)　학

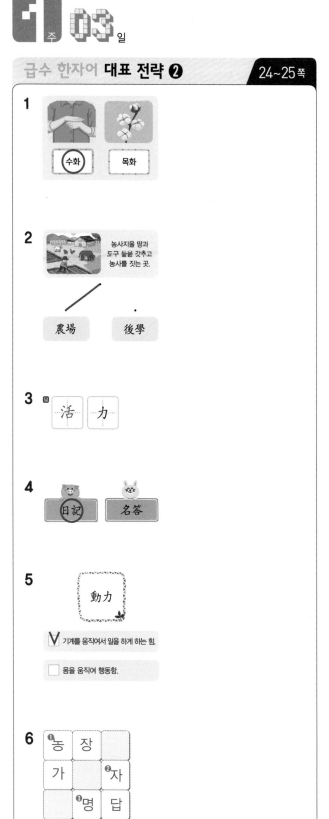

1주 03일

급수 한자어 대표 전략 ❷　　24~25쪽

1
(수화)　목화

2
농사지을 땅과 도구 들을 갖추고 농사를 짓는 곳.
農場　後學

3
活 力

4
日記　名答

5
動力
☑ 기계를 움직여서 일을 하게 하는 힘
☐ 몸을 움직여 행동함.

6
❶농	장	
가		❷자
	❸명	답

정답

급수 시험 체크 전략 ❶   26~29쪽

필수 예제 01
(1) 전화   (2) 일기

필수 예제 02
(1) 말씀 화   (2) 대답 답

필수 예제 03
(1) ③   (2) ①

필수 예제 04
(1) ③   (2) ④

급수 시험 체크 전략 ❷   30~31쪽

1 활동

2 움직일 동

3 ③

4 ④

5 ③

6 ①

누구나 만점 전략   32~33쪽

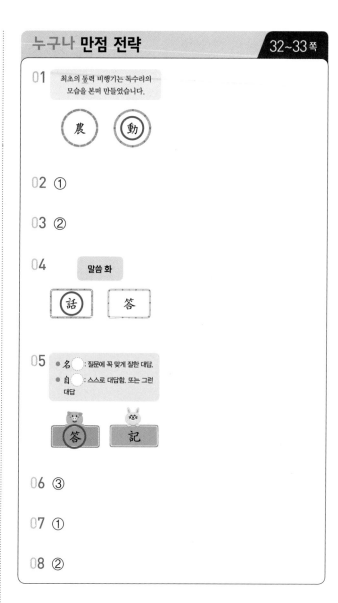

01 최초의 동력 비행기는 독수리의 모습을 본떠 만들었습니다.

農   動

02 ①

03 ②

04 말씀 화
    話   答

05 ● 名◯ : 질문에 꼭 맞게 잘한 대답.
    ● 自◯ : 스스로 대답함. 또는 그런 대답
    答   記

06 ③

07 ①

08 ②

창의·융합·코딩 전략 ❶   34~35쪽

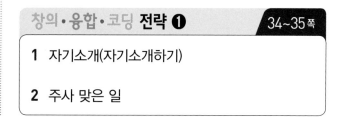

1 자기소개(자기소개하기)

2 주사 맞은 일

창의·융합·코딩 전략 ❷ 36~39쪽

1 농가

2

3 (1) 토마토: ➡ (5)개
(2) 오이 : ➡ (1)개

4

어울리는 사람 수	어울리지 않는 사람 수
4	2

● 뺄셈식

4 – 2 = 2

어울리는 사람 수   어울리지 않는 사람 수

5 □ 前方   ✓ 電話   □ 前後

6 (1) 生活 ➡ (생활)   (2) 活動 ➡ (활동)

7 활력   후학   일기   수화

8 農 場

2주 04일

급수 한자 돌파 전략 ❶ 한자 기초 확인 43, 45쪽

1

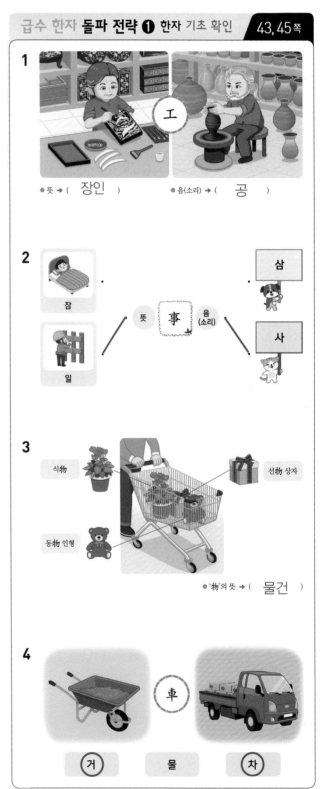

● 뜻 ➡ (장인)   ● 음(소리) ➡ (공)

2

잠   일   뜻 事 음(소리)   삼   사

3

식物   선物 상자   동物 인형

● '物'의 뜻 ➡ (물건)

4

車

거   물   차

정답

급수 한자 돌파 전략 ❷   46~47쪽

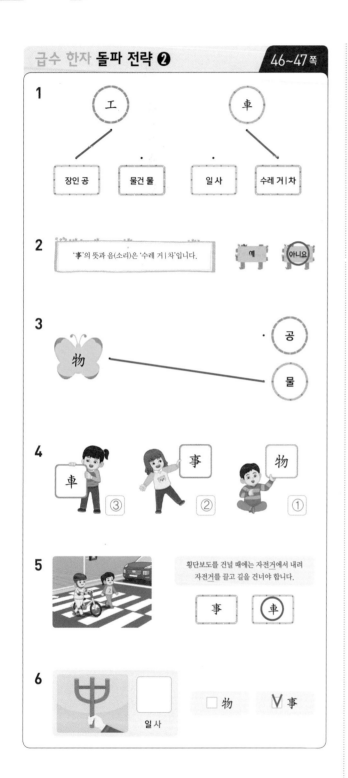

1

工 — 장인 공
— 물건 물
車 — 일 사
— 수레 거 | 차

2

'事'의 뜻과 음(소리)은 '수레 거 | 차'입니다.   예   **아니요**

3

物 — 공
物 — 물

4

車 ③   事 ②   物 ①

5

횡단보도를 건널 때에는 자전거에서 내려 자전거를 끌고 길을 건너야 합니다.

事   **車**

6

일 사   □ 物   ☑ 事

2주 02일

급수 한자 돌파 전략 ❶ 한자 기초 확인   49, 51쪽

1

正

2

直

● '直'의 음(소리) → (직)

3

全

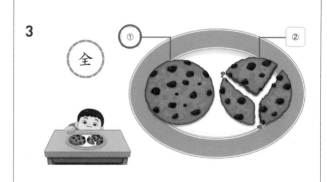

4

빨간색 신호등이 켜졌을 때 길을 건너면 절대 안 돼요!

不   온전 전   아닐 불

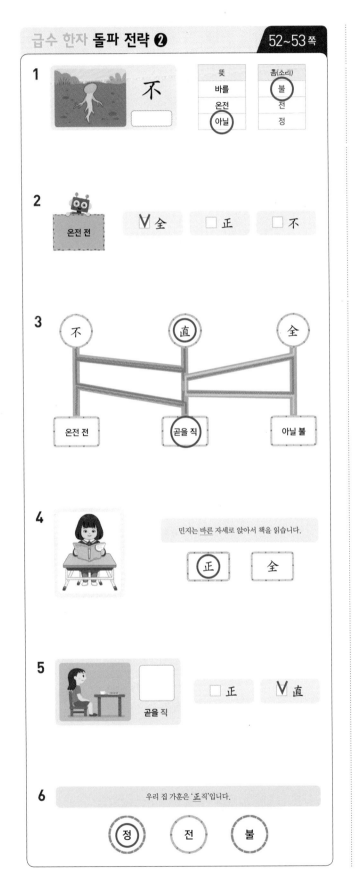

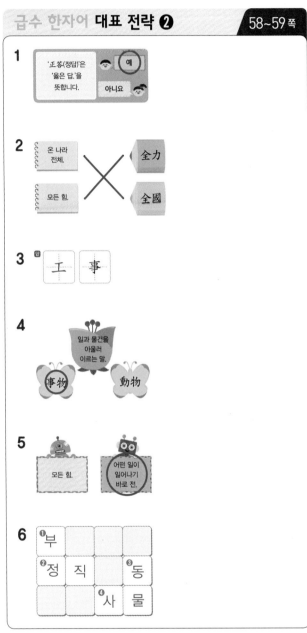

급수 시험 체크 전략 ❶   60~63쪽

필수 예제 01
(1) 차도   (2) 불안

필수 예제 02
(1) 곧을 직   (2) 온전 전

필수 예제 03
(1) ①   (2) ③

필수 예제 04
(1) ③   (2) ②

급수 시험 체크 전략 ❷   64~65쪽

1 농사

2 물건 물

3 ①

4 ②

5 ③

6 ①

누구나 만점 전략   66~67쪽

01
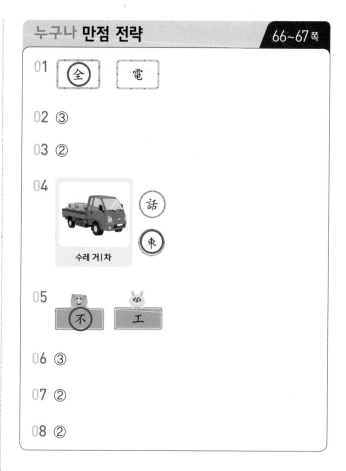

02 ③

03 ②

04

05

06 ③

07 ②

08 ②

창의·융합·코딩 전략 ❶   68~69쪽

1 (1) ○

2 똑바로 곧은 선

창의·융합·코딩 전략 ❷   70~73쪽

1

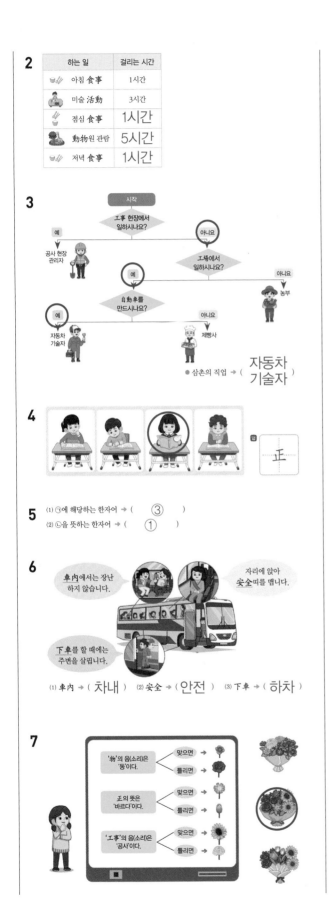

2

하는 일	걸리는 시간
아침 食事	1시간
미술 活動	3시간
점심 食事	1시간
動物원 관람	5시간
저녁 食事	1시간

3

● 삼촌의 직업 → (자동차 기술자)

4

답 正

5
(1) ㉠에 해당하는 한자어 → (③)
(2) ㉡을 뜻하는 한자어 → (①)

6
(1) 車內 → (차내) (2) 安全 → (안전) (3) 下車 → (하차)

7

8

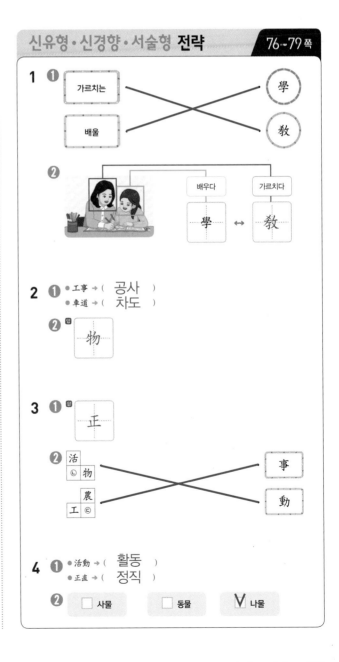

신유형·신경향·서술형 **전략** **76~79쪽**

1 ❶
가르치는 → 教
배울 → 學

❷
배우다 ↔ 가르치다
學 ↔ 教

2 ❶
● 工事 → (공사)
● 車道 → (차도)

❷ 답 物

3 ❶ 답 正

❷
活 ㉡物 → 動
農 ㉢工 → 事

4 ❶
● 活動 → (활동)
● 正直 → (정직)

❷ □ 사물   □ 동물   ✓ 나물

적중 예상 **전략 1**회 　　80~83쪽

01 활동	02 농장
03 움직일 동	04 살 활
05 ②	06 ①
07 ②	08 ①
09 ①	10 ②
11 ②	12 ①
13 ②	14 ①
15 ①	16 ④

교과 학습 한자어 **전략** 　　91쪽

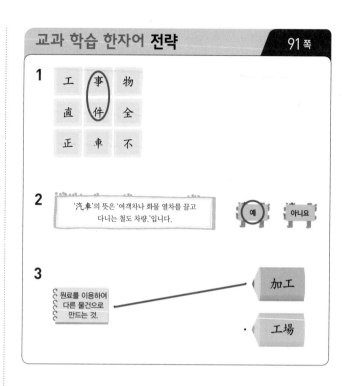

1

工	事	物
直	件	全
正	車	不

2 '汽車'의 뜻은 '여객차나 화물 열차를 끌고 다니는 철도 차량.'입니다.

예　아니요

3 원료를 이용하여 다른 물건으로 만드는 것. ——— 加工

工場

적중 예상 **전략 2**회 　　84~87쪽

01 공사	02 전력
03 바를 정	04 아닐 불
05 ②	06 ①
07 ②	08 ①
09 ②	10 ①
11 ①	12 ②
13 ②	14 ①
15 ③	16 ①

家
집 가
부수 宀 | 총 10획

丶 宀 宀 宁 宁 宇 宇 家 家 家

家	家				
집 가	집 가				

間
사이 간
부수 門 | 총 12획

丨 冂 冂 冃 門 門 門 門 門 閂 閆 間

間	間				
사이 간	사이 간				

江
강 강
부수 水(氵) | 총 6획

丶 丶 氵 氵 汀 江 江

江	江				
강 강	강 강				

車
수레 거｜차
부수 車 | 총 7획

一 ㄒ 戶 冃 百 亘 車

車	車				
수레 거｜차	수레 거｜차				

空
빌 공
부수 穴 | 총 8획

丶 丶 宀 宀 穴 空 空 空

空	空				
빌 공	빌 공				

工	一 丁 工					
장인 공	工	工				
부수 工 | 총 3획	장인 공	장인 공				

教	ノ メ ゲ チ 考 考 考 孝 考 教 教					
가르칠 교	教	教				
부수 攵(攴) | 총 11획	가르칠 교	가르칠 교				

校	一 十 十 木 木 术 术 栌 枋 校					
학교 교	校	校				
부수 木 | 총 10획	학교 교	학교 교				

九	ノ 九					
아홉 구	九	九				
부수 乙(乚) | 총 2획	아홉 구	아홉 구				

國	丨 冂 冂 冃 同 同 同 國 國 國 國					
나라 국	國	國				
부수 囗 | 총 11획	나라 국	나라 국				

軍	ノ 冖 冖 冖 宮 宮 宣 軍
군사 군	軍 軍
부수 車 | 총 9획	군사 군 군사 군

金	ノ 人 人 今 今 全 金 金
쇠 금 | 성 김	金 金
부수 金 | 총 8획	쇠 금 | 성 김 쇠 금 | 성 김

記	` 亠 亠 言 言 言 記 記 記
기록할 기	記 記
부수 言 | 총 10획	기록할 기 기록할 기

氣	ノ 仁 仁 气 气 氕 氚 氣 氣 氣
기운 기	氣 氣
부수 气 | 총 10획	기운 기 기운 기

男	丨 冂 冂 田 田 罗 男
사내 남	男 男
부수 田 | 총 7획	사내 남 사내 남

南
남녘 남
부수 十 | 총 9획

一 十 十 内 内 内 南 南 南

南	南				
남녘 남	남녘 남				

内
안 내
부수 入 | 총 4획

丨 冂 内 内

内	内				
안 내	안 내				

女
여자 녀
부수 女 | 총 3획

く タ 女

女	女				
여자 녀	여자 녀				

年
해 년
부수 干 | 총 6획

ノ 仁 仁 午 年 年

年	年				
해 년	해 년				

農
농사 농
부수 辰 | 총 13획

丨 冂 曱 曲 曲 曲 曲 農 農 農 農 農

農	農				
농사 농	농사 농				

答 대답 답 부수 竹(⺮) | 총 12획	ノ ト ト ⺮ ⺮ ⺮ 竺 竹 笂 笒 答 答					
	答 대답 답	答 대답 답				

大 큰 대 부수 大 | 총 3획	一 ナ 大					
	大 큰 대	大 큰 대				

道 길 도 부수 辵(辶) | 총 13획	丶 丷 丷 ⺍ 产 芦 芦 首 首 首 道 道 道					
	道 길 도	道 길 도				

東 동녘 동 부수 木 | 총 8획	一 ⺆ ⺆ 日 申 車 東 東					
	東 동녘 동	東 동녘 동				

動 움직일 동 부수 力 | 총 11획	一 二 午 午 台 台 台 重 重 動 動					
	動 움직일 동	動 움직일 동				

力
힘 력
부수 力 | 총 2획

フ 力

力	力				
힘 력	힘 력				

六
여섯 륙
부수 八 | 총 4획

丶 亠 六 六

六	六				
여섯 륙	여섯 륙				

立
설 립
부수 立 | 총 5획

丶 亠 六 立 立

立	立				
설 립	설 립				

萬
일만 만
부수 艸(艹) | 총 13획

一 十 丗 甘 甘 甘 甘 莒 莒 萬 萬 萬

萬	萬				
일만 만	일만 만				

每
매양 매
부수 母 | 총 7획

丿 一 仁 仁 与 每 每

每	每				
매양 매	매양 매				

名 이름 명 부수 口 | 총 6획	ノ ク タ タ 名 名					
	名	名				
	이름 명	이름 명				

母 어머니 모 부수 毋 | 총 5획	∟ 𠃊 ㄖ 𠂈 母					
	母	母				
	어머니 모	어머니 모				

木 나무 목 부수 木 | 총 4획	一 十 才 木					
	木	木				
	나무 목	나무 목				

門 문 문 부수 門 | 총 8획	丨 𠃍 ㇏ 户 ⺆ 門 門 門					
	門	門				
	문 문	문 문				

物 물건 물 부수 牛(牜) | 총 8획	ノ 𠂉 牛 牛 牜 牞 物 物					
	物	物				
	물건 물	물건 물				

民 백성 민
부수 氏 | 총 5획
ㄱ ㄱ ㄹ ㅌ ㅌ 民
民 民
백성 민　백성 민

方 모 방
부수 方 | 총 4획
丶 一 亠 方
方 方
모 방　모 방

白 흰 백
부수 白 | 총 5획
丿 丨 勹 白 白
白 白
흰 백　흰 백

父 아버지 부
부수 父 | 총 4획
丶 丷 丷 父
父 父
아버지 부　아버지 부

北 북녘 북｜달아날 배
부수 匕 | 총 5획
丨 亅 刂 圠 北
北 北
북녘 북｜달아날 배　북녘 북｜달아날 배

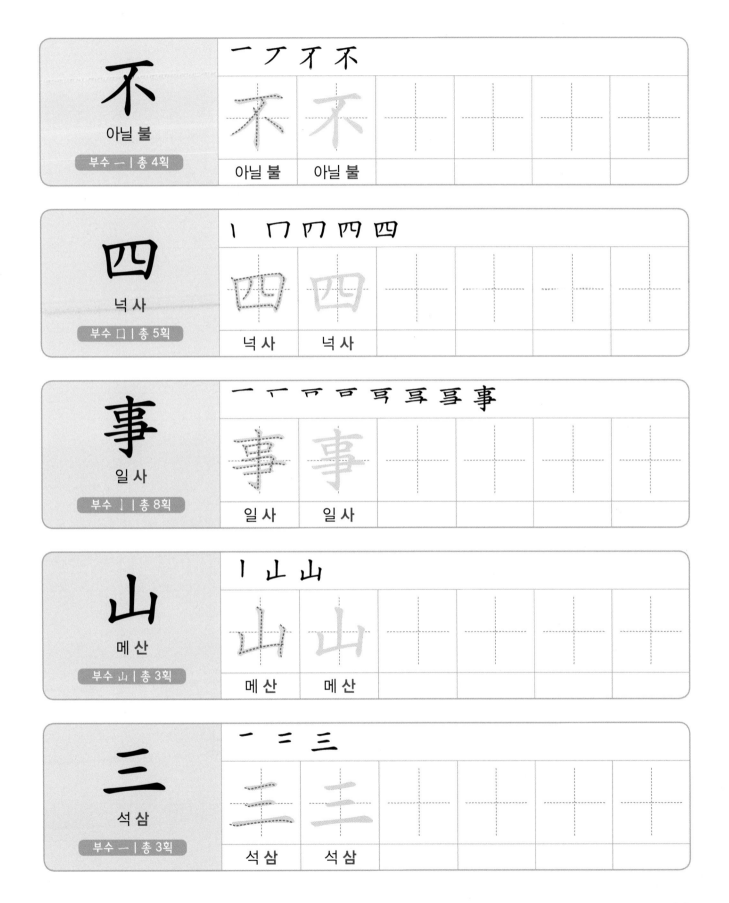

不	ー ラ オ 不					
아닐 불	不	不				
부수 ー | 총 4획	아닐 불	아닐 불				

四	ー 冂 冂 冂 四 四					
넉 사	四	四				
부수 囗 | 총 5획	넉 사	넉 사				

事	ー ㄱ ㅋ ㅋ 写 写 写 事					
일 사	事	事				
부수 ㅣ | 총 8획	일 사	일 사				

山	ㅣ 山 山					
메 산	山	山				
부수 山 | 총 3획	메 산	메 산				

三	ー 二 三					
석 삼	三	三				
부수 ー | 총 3획	석 삼	석 삼				

上
윗 상
부수 一 | 총 3획

丨 卜 上

上 上
윗 상 윗 상

生
날 생
부수 生 | 총 5획

丿 一 仁 牛 生

生 生
날 생 날 생

西
서녘 서
부수 襾 | 총 6획

一 丆 ㄲ 西 西 西

西 西
서녘 서 서녘 서

先
먼저 선
부수 儿 | 총 6획

丿 一 仁 生 步 先

先 先
먼저 선 먼저 선

姓
성 성
부수 女 | 총 8획

ㄑ 夕 女 女 女 女 姓 姓

姓 姓
성 성 성 성

世	一 十 卅 卅 世						
인간 세	世	世					
부수 一 | 총 5획	인간 세	인간 세					

小	亅 小 小						
작을 소	小	小					
부수 小 | 총 3획	작을 소	작을 소					

手	一 二 三 手						
손 수	手	手					
부수 手 | 총 4획	손 수	손 수					

水	亅 기 才 水						
물 수	水	水					
부수 水 | 총 4획	물 수	물 수					

時	丨 冂 日 日 日一 日十 旷 昨 時 時						
때 시	時	時					
부수 日 | 총 10획	때 시	때 시					

市 저자 시 부수 巾 | 총 5획	丶 亠 亠 市 市					
	市 저자 시	市 저자 시				

食 밥/먹을 식 부수 食 | 총 9획	丿 人 𠆢 今 今 今 食 食 食					
	食 밥/먹을 식	食 밥/먹을 식				

室 집 실 부수 宀 | 총 9획	丶 丷 宀 宀 宁 宏 宏 室 室					
	室 집 실	室 집 실				

十 열 십 부수 十 | 총 2획	一 十					
	十 열 십	十 열 십				

安 편안 안 부수 宀 | 총 6획	丶 丷 宀 宀 安 安					
	安 편안 안	安 편안 안				

午 낮 오 부수 十 | 총 4획	ノ ヒ ニ 午					
	午	午				
	낮 오	낮 오				

五 다섯 오 부수 二 | 총 4획	一 丁 五 五					
	五	五				
	다섯 오	다섯 오				

王 임금 왕 부수 玉(王) | 총 4획	一 二 千 王					
	王	王				
	임금 왕	임금 왕				

外 바깥 외 부수 夕 | 총 5획	ノ ク タ 列 外					
	外	外				
	바깥 외	바깥 외				

右 오를/오른(쪽) 우 부수 口 | 총 5획	ノ ナ オ 右 右					
	右	右				
	오를/오른(쪽) 우	오를/오른(쪽) 우				

月
달 월
부수 月 | 총 4획

ノ 刀 月 月

月 月
달 월　달 월

二
두 이
부수 二 | 총 2획

一 二

二 二
두 이　두 이

人
사람 인
부수 人 | 총 2획

ノ 人

人 人
사람 인　사람 인

一
한 일
부수 一 | 총 1획

一

一 一
한 일　한 일

日
날 일
부수 日 | 총 4획

丨 冂 月 日

日 日
날 일　날 일

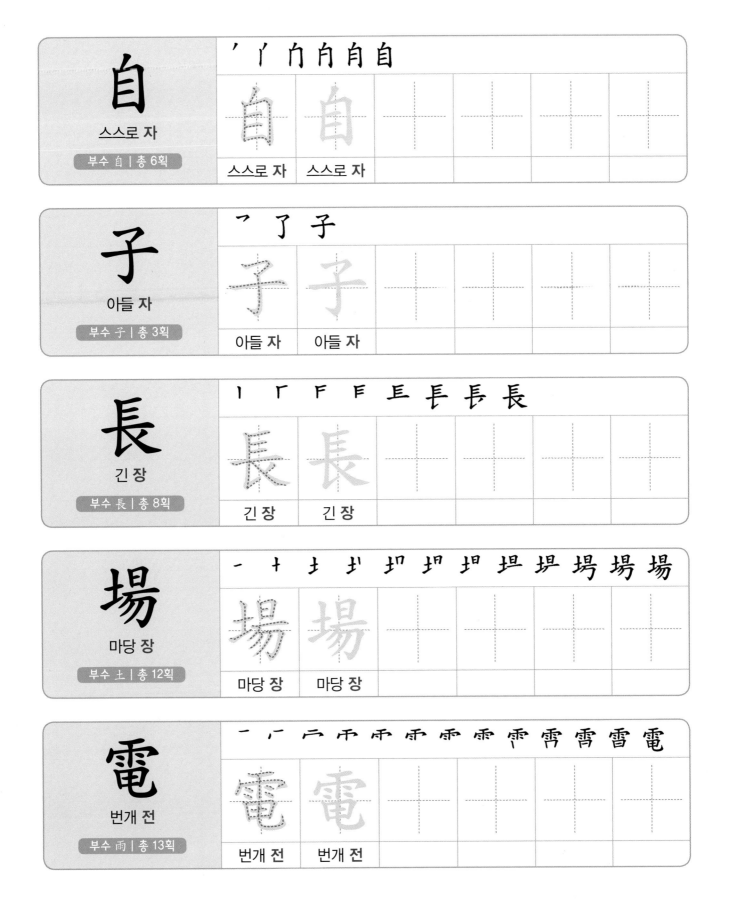

自	′ ′ ′ ⺆ ⺆ 自 自					
스스로 자	自	自				
부수 自 | 총 6획	스스로 자	스스로 자				

子	⺊ 了 子					
아들 자	子	子				
부수 子 | 총 3획	아들 자	아들 자				

長	ㅣ ㄷ ㄷ F E 툐 長 長					
긴 장	長	長				
부수 長 | 총 8획	긴 장	긴 장				

場	一 十 土 圵 圬 坦 坦 坦 場 場 場					
마당 장	場	場				
부수 土 | 총 12획	마당 장	마당 장				

電	一 ⺮ 厂 雨 雨 雨 雨 雫 雫 雫 雷 電					
번개 전	電	電				
부수 雨 | 총 13획	번개 전	번개 전				

前 앞 전 — 부수 刀(刂) | 총 9획
` `` `⺍ ⺹ 疒 芽 芽 前 前
前 前 — 앞 전 / 앞 전

全 온전 전 — 부수 入 | 총 6획
丿 入 亼 仐 全 全
全 全 — 온전 전 / 온전 전

正 바를 정 — 부수 止 | 총 5획
一 丁 千 疒 正
正 正 — 바를 정 / 바를 정

弟 아우 제 — 부수 弓 | 총 7획
` `` `⺹ 兰 肖 弟 弟
弟 弟 — 아우 제 / 아우 제

足 발 족 — 부수 足 | 총 7획
丶 ロ ロ ロ ロ 足 足
足 足 — 발 족 / 발 족

左	一 ナ ナ 左 左					
왼 좌	左	左				
부수 工 | 총 5획	왼 좌	왼 좌				

中	丨 丨 口 口 中					
가운데 중	中	中				
부수 丨 | 총 4획	가운데 중	가운데 중				

直	一 十 十 古 古 直 直 直					
곧을 직	直	直				
부수 目 | 총 8획	곧을 직	곧을 직				

靑	一 二 丰 主 丰 青 青 青					
푸를 청	青	青				
부수 靑 | 총 8획	푸를 청	푸를 청				

寸	一 十 寸					
마디 촌	寸	寸				
부수 寸 | 총 3획	마디 촌	마디 촌				

一 七

七　七

일곱 칠　일곱 칠

七
일곱 칠
부수 一 | 총 2획

一 十 土

土　土

흙 토　흙 토

土
흙 토
부수 土 | 총 3획

丿 八

八　八

여덟 팔　여덟 팔

八
여덟 팔
부수 八 | 총 2획

一 ㇒ ㇒ 二 平

平　平

평평할 평　평평할 평

平
평평할 평
부수 干 | 총 5획

一 丁 下

下　下

아래 하　아래 하

下
아래 하
부수 一 | 총 3획

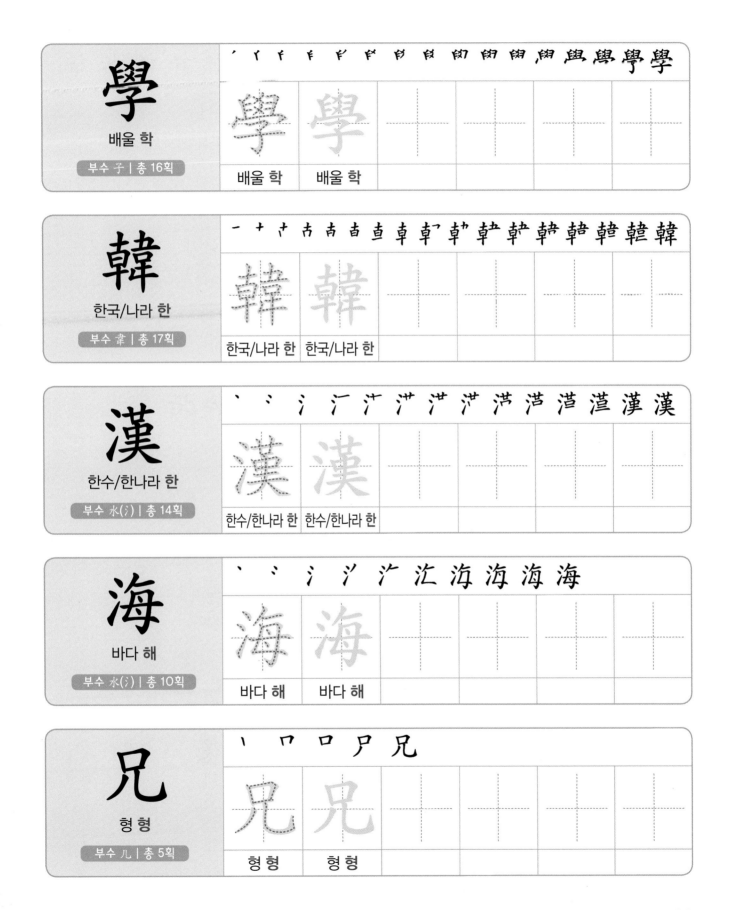

學	` ` ` ` ` ` ` ` ` ` ` ` 臼 臼 臾 與 學 學
배울 학	學 學
부수 子 | 총 16획	배울 학 / 배울 학

韓	一 十 十 古 古 古 直 卓 卓 卓 卓 韩 韩 韩 韓 韓 韓
한국/나라 한	韓 韓
부수 韋 | 총 17획	한국/나라 한 / 한국/나라 한

漢	` ` ` ` ` ` ` ` 泱 泱 泱 漢 漢 漢
한수/한나라 한	漢 漢
부수 水(氵) | 총 14획	한수/한나라 한 / 한수/한나라 한

海	` ` ` ` ` 汇 海 海 海 海
바다 해	海 海
부수 水(氵) | 총 10획	바다 해 / 바다 해

兄	` ` 口 口 尸 兄
형 형	兄 兄
부수 儿 | 총 5획	형 형 / 형 형

話	말씀 화	부수 言 | 총 13획	` ＼ ﹀ 二 言 言 言 言 訐 許 話 話 話	
			話 말씀 화	話 말씀 화

火	불 화	부수 火 | 총 4획	﹀ ﹀ ﹀ 火 火	
			火 불 화	火 불 화

活	살 활	부수 水(氵) | 총 9획	` ﹀ 氵 氵 汙 沃 活 活 活	
			活 살 활	活 살 활

孝	효도 효	부수 子 | 총 7획	一 十 土 耂 考 考 孝	
			孝 효도 효	孝 효도 효

後	뒤 후	부수 彳 | 총 9획	﹀ ﹀ 彳 彳 彳 彳 後 後 後	
			後 뒤 후	後 뒤 후

한자능력검정시험 7급Ⅱ 모의평가 문제지

*** 7級과 7級Ⅱ는 서로 다른 급수입니다. 반드시 지원 급수를 다시 확인하세요.***

7級Ⅱ

60문항	50분 시험	시험일자 : 20○○. ○○. ○○

* 성명과 수험번호를 쓰고 문제지와 답안지는 함께 제출하세요.

성명 _____   수험번호 □□□-□□-□□□□

[문제 1~22] 다음 밑줄 친 漢字語한자어의 音(음: 소리)을 쓰세요.

―――〈보기〉―――
漢字 ➡ 한자

[1] 심호흡을 하여 신선한 空氣를 들이마셨습니다.

[2] 답안지에는 姓名을 정확하게 기입해야 합니다.

[3] 이 노래의 노랫말은 우리나라의 아름다운 江山에 관한 것입니다.

[4] 놀이공원 正門 앞에서 선생님을 만나기로 했습니다.

[5] 10월 1일은 國軍의 날입니다.

[6] 주문한 물건을 내일 午前까지 가져다 달라고 부탁했습니다.

[7] 비구름이 南下하면서 전국에 많은 비가 내릴 것입니다.

[8] 이 그림은 海外에서 먼저 인기를 끌기 시작했습니다.

[9] 이 世上에 꼭 필요한 사람이 되고 싶습니다.

[10] 아버지는 每月 시골에 계신 할머니를 찾아뵙습니다.

[11] 오늘 삼校時는 국어 시간입니다.

[12] 횡단보도를 건널 때는 길의 左右를 잘 살펴야 합니다.

[13] 어머니께서 後食으로 쿠키를 만들어 주셨습니다.

[14] 공항에 도착하자마자 부모님께 電話를 드렸습니다.

자르는 선

[15] 이 책은 事物을 자세히 관찰하고 세밀하게 그린 그림책입니다.

[16] 버스 정류장에서 집까지는 걸어서 三十분 정도 걸립니다.

[17] 오늘은 여름철 물놀이 安全 수칙을 알아보도록 하겠습니다.

[18] 내일은 보육원에 가서 자원봉사 活動을 하기로 하였습니다.

[19] 어제 빵 만드는 工場에 체험 학습을 하러 갔습니다.

[20] 저는 글쓰기 능력을 기르기 위해 날마다 日記를 씁니다.

[21] 이 선과 水平이 되도록 선을 그으려면 자가 필요합니다.

[22] 萬一의 경우에 대비하여 긴팔 옷을 더 준비했습니다.

[문제 23~42] 다음 漢字 한자의 訓(훈: 뜻)과 音(음: 소리)을 쓰세요.

─── 〈보기〉 ───
漢 ➡ 한나라 한

[23] 敎

[24] 民

[25] 東

[26] 直

[27] 家

[28] 孝

[29] 長

[30] 韓

[31] 內

[32] 間

[33] 自

[34] 弟

〈계속〉

자르는 선

[35] 室

[36] 寸

[37] 年

[38] 不

[39] 答

[40] 足

[41] 生

[42] 靑

[문제 43~44] 다음 밑줄 친 漢字語 한자어를 〈보기〉에서 골라 그 번호를 쓰세요.

〈보기〉
① 兄弟   ② 正直
③ 靑年   ④ 車道

[43] 사람은 인도로, 차는 <u>차도</u>로 다녀야 합니다.

[44] 아버지께서는 늘 저에게 <u>정직</u>해야 한 다고 말씀하십니다.

[문제 45~54] 다음 訓(훈: 뜻)과 音(음: 소리)에 맞는 漢字 한자를 〈보기〉에서 골라 그 번호 를 쓰세요.

〈보기〉
① 立 ② 力 ③ 白 ④ 市 ⑤ 農
⑥ 先 ⑦ 九 ⑧ 女 ⑨ 金 ⑩ 火

[45] 아홉 구

[46] 힘 력

[47] 쇠 금 | 성 김

[48] 설 립

[49] 저자 시

[50] 여자 녀

[51] 농사 농

[52] 먼저 선

[53] 흰 백

[54] 불 화

〈계속〉

[문제 55~56] 다음 漢字^{한자}의 상대 또는 반대되는 漢字^{한자}를 〈보기〉에서 골라 그 번호를 쓰세요.

──〈보기〉──
① 敎   ② 校   ③ 母   ④ 兄

[55] (   ) ↔ 學

[56] 父 ↔ (   )

[문제 57~58] 다음 뜻에 맞는 漢字語^{한자어}를 〈보기〉에서 찾아 그 번호를 쓰세요.

──〈보기〉──
① 前後   ② 四方
③ 電話   ④ 手話

[57] 동, 서, 남, 북의 네 가지 방향.

[58] 손짓이나 몸짓으로 의미를 전달하는 언어.

[문제 59~60] 다음 漢字^{한자}의 진하게 표시한 획은 몇 번째 쓰는지 〈보기〉에서 찾아 그 번호를 쓰세요.

──〈보기〉──
① 첫 번째   ② 두 번째
③ 세 번째   ④ 네 번째
⑤ 다섯 번째   ⑥ 여섯 번째
⑦ 일곱 번째   ⑧ 여넓 번째
⑨ 아홉 번째

[59] 方 (   )

[60] 正 (   )

♣ 수고하셨습니다.

〈끝〉

자르는 선

| 수험번호 □□□-□□-□□□□ | 성명 □□□□□ |
| 생년월일 □□□□□□ | |

※ 유성 사인펜, 붉은색 필기구 사용 불가.
※ 답안지는 컴퓨터로 처리되므로 구기거나 더럽히지 마시고, 정답 칸 안에만 쓰십시오. 글씨가 채점란으로 들어오면 오답 처리가 됩니다.

한자능력검정시험 7급Ⅱ 모의평가 답안지(1)

번호	정답	1검	2검	번호	정답	1검	2검
1				14			
2				15			
3				16			
4				17			
5				18			
6				19			
7				20			
8				21			
9				22			
10				23			
11				24			
12				25			
13				26			

감독위원	채점위원(1)		채점위원(2)		채점위원(3)	
(서명)	(득점)	(서명)	(득점)	(서명)	(득점)	(서명)

※ 뒷면으로 이어짐.

▶ 자르는 선

한자능력검정시험 7급Ⅱ 모의평가 답안지(2)

번호	정답	1검	2검	번호	정답	1검	2검
27				44			
28				45			
29				46			
30				47			
31				48			
32				49			
33				50			
34				51			
35				52			
36				53			
37				54			
38				55			
39				56			
40				57			
41				58			
42				59			
43				60			

(답안란 / 채점란)

◀ 자르는 선

수험번호 □□□-□□-□□□□   **성명** □□□□□

생년월일 □□□□□□

※ 유성 사인펜, 붉은색 필기구 사용 불가.

※ 답안지는 컴퓨터로 처리되므로 구기거나 더럽히지 마시고, 정답 칸 안에만 쓰십시오. 글씨가 채점란으로 들어오면 오답 처리가 됩니다.

한자능력검정시험 7급Ⅱ 모의평가 답안지(1)

번호	정답	1검	2검	번호	정답	1검	2검
1	공기			14	전화		
2	성명			15	사물		
3	강산			16	삼십		
4	정문			17	안전		
5	국군			18	활동		
6	오전			19	공장		
7	남하			20	일기		
8	해외			21	수평		
9	세상			22	만일		
10	매월			23	가르칠 교		
11	교시			24	백성 민		
12	좌우			25	동녘 동		
13	후식			26	곧을 직		

감독위원	채점위원(1)		채점위원(2)		채점위원(3)	
(서명)	(득점)	(서명)	(득점)	(서명)	(득점)	(서명)

※ 뒷면으로 이어짐.

자르는 선 ▶

한자능력검정시험 7급Ⅱ 모의평가 답안지(2)

번호	정답	1검	2검	번호	정답	1검	2검
	답안란	채점란			답안란	채점란	
27	집 가			44	② 正直		
28	효도 효			45	⑦ 九		
29	긴 장			46	② 力		
30	한구/나라 한			47	⑨ 金		
31	안 내			48	① 立		
32	사이 간			49	④ 市		
33	스스로 자			50	⑧ 女		
34	아우 제			51	⑤ 農		
35	집 실			52	⑥ 先		
36	마디 촌			53	③ 白		
37	해 년			54	⑩ 火		
38	아닐 불			55	① 教		
39	대답 답			56	③ 母		
40	발 족			57	② 四方		
41	날 생			58	④ 手話		
42	푸를 청			59	③		
43	④ 車道			60	④		

◀ 자르는 선